S O N G S H A N

CREATOR STORY

创想者 松山湖

东莞松山湖高新技术产业开发区管理委员会 编

江苏凤凰文艺出版社
JIANGSU PHOENIX LITERATURE AND ART PUBLISHING

目录 Contents

三、机器人与智能装备制造产业

四、新材料产业

五、生物医药产业

六、数字经济产业

序言 Preface

为创想者而创造

一座城的科学梦

“创”，是创造，是创业；“想”，是想象，更是梦想。

创想者，是一批有着非凡想象和梦想的创造者。他们创意、创造，以创新的力量，成为行业的开拓者，社会发展、文明进步的推动者。他们以超人一步的眼光发现社会前进过程中的新势态、新动向，又以超前眼光提前布局未来商业价值场景。

随着全球科技创新版图的持续演变，哪些城市对创新人才最具吸引力？

提供全方位的政策支持和优质的政府服务，构建全链条、全过程、全要素的创新生态体系，拥有良好的生态环境、高品质的文化供给和便利的生活配套，这些因素叠加，成为创想者首选之地。

这是珠三角中心腹地，一座最具想象力的松山湖科学城。

8平方公里的湖面、6.5平方公里的湿地和14平方公里的生态绿地，以及由此延伸的103平方公里的松山湖。20余年来，这里正发生着各种创新和创业的故事，成为创想者逐梦“栖息地”和创新创业“首选地”。

2001年，东莞启动“二次创业”，松山湖承载着“再造一个新东莞”的梦想使命前行，成为东莞转型升级、创新发展的探路先锋。

2010年，松山湖经国务院批准升格为国家高新技术产业开发区。

2015年，松山湖成功入围珠三角国家自主创新示范区。

2020年，经国家发改委、科技部批准，松山湖科学城纳入大湾区综合性国家科学中心先行启动区。

因创新而生、依创新而兴、靠创新而强。从国家级高新区，到珠三角国家自主创新示范区，再到东莞融入粤港澳大湾区建设的重要战略平台，松山湖成为引领东莞高质量发展的核心引擎，成为粤港澳大湾区的“科创明珠”。

当前，松山湖科学城正围绕“重大原始创新策源地、中试验证和成果转化基地、粤港澳合作创新共同体、体制机制创新综合试验区”四大战略定位，建设全链条、全过程、全要素创新生态体系，全方位推动高质量发展，努力建设成为具有全球影响力的原始创新高地，成为全球科技创新的重要一环。

今日之松山湖，已初步形成了大科学装置、重大科研平台、龙头企业、高水平研究型大学、新型研发机构、高品质城市配套等高端创新要素加速集聚的良好发展态势，已成为粤港澳大湾区科技创新的一张特色名片，为全球人才打造宜居宜业宜研宜创最优生态。

在松山湖，有这样一群创想者和他们的创业梦想。

我们在这里记录、描绘这样一群创想者。多一些敢想的人，我们才能一次次突破平庸；多一些敢做的人，我们才能一次次创造奇迹。

CREATOR STORY

A2
A1

CREATOR
STORY
SONGSHAN LAKE

科创平台

CHAPTER ONE

创想者
松山湖

巍峨山下　国之重器

中国散裂中子源

【在东莞松山湖，有一座巍峨山。如今，一片郁郁葱葱的荔枝林里建成了全球第四台、我国首台脉冲式散裂中子源，源头创新的引擎在巍峨山下点燃。】

2023年10月30日，第24届国际先进中子源合作会议在东莞开幕，来自全世界十余个国家和地区的200多名国际顶尖专家参加会议。这是自2007年在东莞举行这一国际顶级科学会议之后，时隔16年再度在东莞举行。16年前，全球第四台脉冲式散裂中子源——中国散裂中子源的筹建工作刚刚开始。如果说16年前的第一次举办，中国散裂中子源的科研工作者主要是“取经”；那么时隔16载后，则是互为学习，取长补短，共同进步。

2012年，巍峨山下偏僻的山坳间，中国散裂中子源还在建设之中，当时只有少数人真正意识到这一大科学装置蕴藏的能量。“有了它，相关领域的中国科学家结束了排队申请使用国外设备开展科学研究的历史。”中国散裂中子源工程总指挥陈和生院士说。

国之重器——从荔枝林到中子源

《奥本海默》的上映，让橡树岭国家实验室再次进入国人的视角。橡树岭国家实验室是美国能源部所属的一个大型多学科研究国家实验室，位于田纳西州橡树岭。此实验室成立于1943年，最初是作为曼哈顿计划的一部分，以生产和分离铀和钸为主要目的建造的，原称克林顿实验室，2000年4月以后由田纳西大学和Battelle纪念研究所共同管理。

橡树岭国家实验室长期从事能源研究，拥有高通量同位素反应堆(High Flux Isotope Reactor， HFIR)、橡树岭电子直线加速器(Oak Ridge Electron Linear Accelerator， ORELA)和散裂中子源(Spallation Neutron Source， SNS)3个

中子源。高通量同位素反应堆曾经提供了世界上最高的恒定中子通量。

脉冲散裂中子源技术复杂、造价高、实验难度大。此前，世界上只有三个国家拥有这样的装置，分别位于英国卢瑟福实验室、美国橡树岭国家实验室以及日本在茨城县东海的实验室。

在东莞松山湖，有一座巍峨山。如今，一片郁郁葱葱的荔枝林里建成了全球第四台、我国首台脉冲式散裂中子源，源头创新的引擎在巍峨山下点燃。由国家发改委支持建设，我国迄今为止已建成单项投资规模最大的大科学工程——中国散裂中子源（CSNS），其建成使得我国成为继英国、美国、日本之后，世界上第四个拥有散裂中子源的国家。

直径只有原子的十万分之一，质量为1.6749×10^{-27}千克，平均寿命为896秒……这是中子，原子核包含的两种粒子之一。X射线能“拍摄”人体的医学影像，而在材料学、化学、生命科学等领域，科学家们更希望有一种高亮度的“中子源”，能像X射线一样“拍摄”到材料的微观结构。散裂中子源就是利用中子来探知微观世界的工具。

2012年至2017年的6年间，在东莞的松山湖科学城群山之中，“国之重器”中国散裂中子源从一片荔枝林中“长”了出来。

早在20世纪90年代末期，中国科学院高能物理研究所和中国原子能研究院的老科学家就指出了建设散裂中子源对国家科技发展的必要性。此后，散裂中子源被列入国家“十一五”的大科学装置建设计划。2006年，散裂中子源选址广东，这也是我国的大科学装置首次落户珠三角地区。

中国散裂中子源是国家“十二五”期间重点建设的大科学装置，填补了国内脉冲中子源及应用领域的空白，为中国材料科学、生命科学、资源环境、新能源等方面的基础研究和高新技术研发提供了强有力的研究平台，对满足国家重大战略需求、解决前沿科学问题具有重要意义。

集聚——从中子源到科学城

2017年秋天，中国散裂中子源首次打靶成功获得中子束流。1年后，中国散裂中子源通过国家验收，正式运行并向国内外科学家、工程技术人员、工业企业开放，根据他们实验和项目的科学价值分配使用时间。

以往中国没有散裂中子源时，我国科学家都要到国外排队申请做实验，使用时间还未必能满足需求。很多核心关键设备，比如重要设备的部件、高铁的轮轴等不能出国进行实验。中国科学院院士、中国散裂中子源工程总指挥陈和生描述过这样一段经历：他曾为探究锂电池性能到访日本散裂中子源实验站，但对方拒绝其参观，“因为你们是竞争对手”。他当时就暗下决心：“回国后我们自己做！”

时间回到2000年7月，时任中科院院长的路甬祥访问英国卢瑟福实验室的散裂中子源后，委托中科院数理学部成立院士专家咨询组，就我国发展散裂中子源的意义、必要性、可行性等进行咨询，使中国散裂中子源进入实质性推进阶段。咨询组经过一年多的研究与讨论，在4次研讨会的基础上，形成了《关于我国发展散裂中子源的咨询意见》。这一意见得到中科院领导的充分肯定和支持，并指示中科院着手酝酿建造我国自己的散裂中子源。

2002年，由中科院物理所和高能物理所承担的散裂中子源概念研究启动。在中国科学院专项预研经费、国家自然科学基金、国家“973”计划支持下，中科院高能物理研究所和物理研究所近百名科技骨干通力合作，中国散裂中子源项目总体设计方案不断优化，在国内外专家的多次论证、评审中得到一致肯定。

中国散裂中子源由一台负氢离子直线加速器、一台快循环同步加速器、一个靶站、多台中子谱仪及相应配套设施组成。在装置的起点，直线加速器长达200米的隧道一眼望不到尽头，这里排列着各种颜色、连接各种管线的复杂设备。科研人员首先使用氢气产生负氢离子，即多了一个电子的氢原子，并将它们在直线加速器里加速。

2017年8月，中国散裂中子源首次打靶成功。从地下17米的加速器隧道到靶站

A1
中国散
China Spallat

中子源
eutron Source

谱仪大厅，质子束轰击重金属靶后，瞬间产生的中子束流脉冲又短又强，中子经过慢化后，再引入一台台谱仪中。蓝色、橙色、绿色、紫色……多台谱仪以靶站为中心，像太阳花的各色花瓣一样向外伸展。中子被引入谱仪后，和其中样品材料的原子核相互作用，产生散射。通过测量散射的中子，可以研究样品的微观结构和动力学。

以这一国家大科学装置为核心，东莞高标准规划建设了约90.5平方公里的松山湖科学城。此后，由中科院院士王恩哥领军的松山湖材料实验室、中国科学院物理研究所珠三角分部率先成立；松山湖材料实验室粤港澳交叉科学中心也应运而生。

金属疲劳、可燃冰、磁性材料……诸多领域的基础研究与关键问题攻关都离不开散裂中子源。中国散裂中子源已完成的用户实验课题，涉及大型工程部件残余应力和服役性能检测等，为许多高性能结构材料攻关提供了关键技术平台。

归来——从橡树岭到巍峨山下

2002年，年仅20岁的童欣从中国科学技术大学近代物理系本科毕业，而后又远赴美国印第安纳大学攻读博士学位。顺利取得博士学位之后，他还直接被美国橡树岭国家实验室破格聘为正式研究人员，受命负责组建和发展极化中子团队。期间，童欣在极化中子领域做出了多项国际瞩目的成果。

2008—2018年，正是中国散裂中子源从规划到建设落成的时间，在美国田纳西州，童欣围绕当地的散裂中子源装置，进行了10余年的科研工作，并且取得了国际领域的不小成果；在他的带领下，团队研制出的中子极化系统领先世界，成功应用于多个散裂源和反应堆的中子谱仪；团队设计并搭建的首台基于在线极化氦3系统的整套极化中子成像装置，填补了国际空白，创造了新的科技“潮流”！

童欣一方面开展科学研究工作，另一方面时刻关注中国散裂中子源项目的建设进展，并做好归国准备。

2012年，童欣首次知道中国散裂中子源装置的消息。

2017年8月，中国散裂中子源首次打靶成功的消息引起了身处大洋彼岸的童欣的格外关注。童欣当下就决定：要回家。

在中国散裂中子源工程总指挥陈和生院士的邀请下，童欣携家人登上了归国的航班来到东莞，他说：“中国散裂中子源在哪里，我就在哪里。”当年12月，童欣第一次来到东莞松山湖这片创新高地，便震惊于当时热火朝天的建设景象，“进展超过了我的预料！大型装置建设得很漂亮，工作环境也很好”。

2018年，中国散裂中子源建成，童欣再次与陈和生院士取得联系，商谈回国工作事宜。这一年的9月，童欣入职中科院高能所，开启了科研新征程。在美国生活了10多年的他，一回到中国立即实现了工作和生活的无缝对接，高效投入工作，他说：“科学没有国界，但科学家有祖国。在祖国做科研，我内心更踏实也更有动力。”

童欣领导的科研团队中，不仅包括了从发达国家回国的技术团队成员，还有海外留学归国的博士，也不乏几位来自欧美、印度的研究人员和学生。

建立具有国际先进水平的极化中子平台，负责设计建设国内第一台非弹性中子散射飞行时间谱仪，担任中国散裂中子源样品环境系统负责人……自2018年回国，入职中国科学院高能物理研究所，童欣就马不停蹄地开展科研工作，科研成果稳定输出。

极化中子应用是未来中国散裂中子源应用的重要领域之一，是研究复杂磁性、高温超导等的强有力手段；极化中子技术衍生的自旋标定技术，可以显著提升中子散射的测量范围和测量分辨率，已建和规划的20条谱仪中，部分将具备极化中子功能，促进极化中子技术相关应用的开展。极化中子技术和设备过去是依赖国外的。几年时间，童欣将团队建设好了，相关的设备都研发好了。在中国科学院的支持下，建立了具有国际先进水平的极化中子平台，其中极化气室制作、极化气体核磁共振系统、极化中子翻转器等具有国际领先水平。

作为中子期刊 *Journal of Neutron Research* 唯一的中国籍副主编，也是国际样品环境组织唯一的中国籍理事，童欣回国后，他以召集人和大会主席的身份举办了两次极化中子和一次样品环境国际会议，邀请了逾百名外国专家参会，极大地

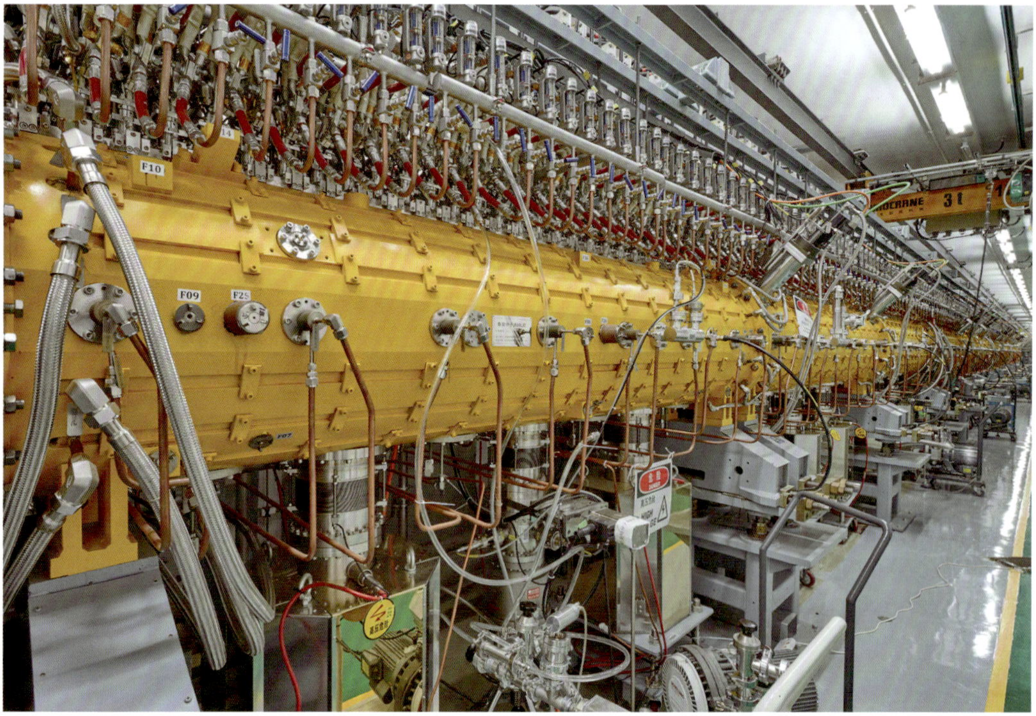

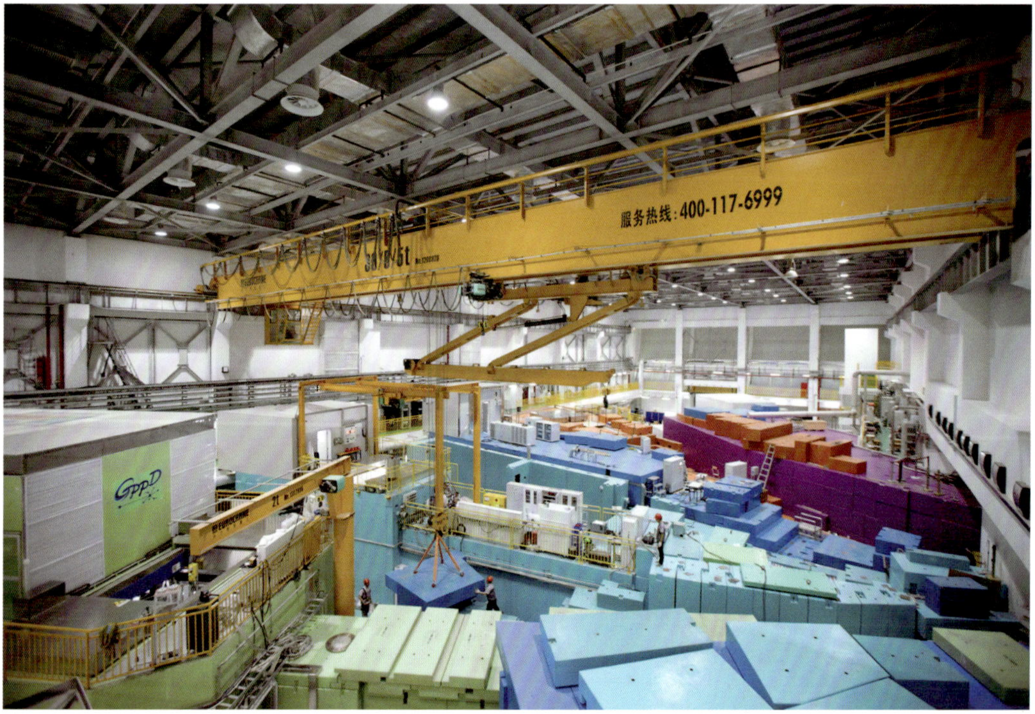

提升了我国相关领域的国际地位。童欣坦言:“现在我们的极化中子技术在国际上属于领先水平。可以说，科研方面，我已经完成了当初回国设定的目标。”

童欣的回归还引发了中国散裂中子源的“磁吸效应”，越来越多的科学家也选择了回到祖国。不仅吸引国内的专家人才回国，更招揽世界各地的外籍人才。走在园区里，你可以看见来自世界各地的科研人才——德国、埃及、印度……不仅让东莞这座城市更加与国际接轨，更让中国成为外国人才的科学圣地，来此探求新的发展和机遇。

回到祖国的他参加过东莞市第11届英语口语大赛，也常在单位打羽毛球，抑或是带娃打打网球，也在松山湖科技精英网球赛中和其他科学家切磋交流。让童欣感触较深的，除了这座城市的科创潜力，还有宽松包容的科研环境。在童欣眼里，这座城市宜业也宜居。这里‘软硬环境’兼备，中国散裂中子源也充满了无限机会与发展可能，为年轻科学家提供了成长成才的空间和舞台。在松山湖科学城做科研，生活配套支持十分到位，让他和团队成员可以安心开启新阶段的科研工作。

从“0”到“1”，从中国散裂中子源落地，到松山湖材料实验室布局，从大湾区大学（筹）选址，到香港城市大学（东莞）（筹）落户，还有一批批像童欣一样的科学家集聚而来，东莞松山湖科学城的宏伟蓝图正加快实现。

记者观察：“大科学装置”的人才效应

从中国散裂中子源到童欣的归来，是一个大科学装置和一个归国科学家的不同视角切面。

据统计，从2020年到2023年的5月，已经有数千名科学家重返祖国。在这之中，就包括了大数学家丘成桐、新能源顶级专家潘锦功和物理学家牛谦等顶级科学家。

如今越来越多的优秀人员回到中国，不仅是因为越来越多的优秀学子，想要像前辈一样为国做奉献，更是因为中国取得的一系列成就，让众多人才看到了发展希望。

如今，中国的科研环境已经得到了巨大改变，中国持续为优秀科学家们提供更广阔的

发展空间。

随着人类探索未知进程的不断推进，科学研究的复杂性、交叉性、融合性日益增强，对先进仪器设备的依赖程度越来越大，尤其是在前沿技术引领、颠覆性技术突破等方面，大科学装置已成为重大原创科技成果产出的重要条件。

大科学装置的独特优势，不仅在于“机器”，更在于“人才”。作为科技创新基础平台，大科学装置在设施的建设、使用过程中，培养和造就了一大批顶尖科学家和优秀青年科技人才，具有强大的人才集聚和培养能力。

进入21世纪以来，物理学界取得的重大突破，发现中微子振荡、发现希格斯玻色子、发现引力波……都是基于大科学装置取得的。正因如此，大科学装置在全球范围内成为凝聚人才、吸引人才的高地。

重大科技基础设施，通常被称为“大科学装置”，是支撑基础科学前沿研究和多学科交叉前沿研究的公共平台，主要为用户开展原始创新提供科学服务，其主要产出是科学知识、技术成果和人才队伍。

在中国散裂中子源，500多人的“科研天团”、800多项研究课题、3800多名注册用户来了，一批高校院所、实验室、研发机构、青创基地接茬落户，一流科研机构、重大科技基础设施纷纷前来，对海内外高端创新资源的集聚效应日益显现。

CREATOR STORY

A1

科技成果转化的“松山湖模式”

松山湖材料实验室

【以松山湖这一地名命名科技成果转化模式的背后，是政府搭台这一科技成果转化必不可少的顶层设计，更是松山湖材料实验室背靠东莞乃至大湾区雄厚的制造业基础。让科研工作者在这里找到“知音”，实现科技创新和制造的“双向奔赴”——这既是科研工作者的理想追求，更是一座城市迈向未来的必由之路。】

2018年，中国科学院的数个科研团队“携带”着在实验室研发数十年的科研成果，“组团”南下，不远千里来到东莞，在这座城市的地理中心——松山湖扎根发展，寻找“把论文写在祖国的大地上”的方法。

“允许用打酱油的钱去买醋”，赋予科学家更多自主权。从中国科学院的实验室来到松山湖材料实验室，他们探索形成科技创新的体制机制，有效释放人才、设施、平台、知识、资本等创新资源的潜能。

打造科技成果转化的“铁索桥”，工厂车间“觅知音”。科技成果转化“松山湖模式”的形成，离不开政府“扶上马送一程”，实现从“0”到“1”再到“10”，离不开实验室构建“科技—产业—金融”的创新链条，实现从“10”到“N”的产业化。“松山湖模式”探索形成的“作价入股”成果转让模式，技术参股模式，室企攻关、共建联合工程中心模式，以及依托“关键核心材料+创新平台资源”构建创新生态的产业集聚模式等四大模式已然渐入佳境，对于科技成果转化这一世界性难题给出“松山湖答案”。

以松山湖这一地名命名科技成果转化模式的背后，是政府搭台这一科技成果转化必不可少的顶层设计，更是松山湖材料实验室背靠东莞乃至大湾区雄厚的制造业基础，让科研工作者在这里找到“知音”，实现科技创新和制造的“双向奔赴”——这既是科研工作者的理想追求，更是一座城市迈向未来的必由之路。

实验室内：“允许用打酱油的钱去买醋”

赋予科研单位和科研人员更多自主权，是近年来我国深化科技体制改革的主线之一。自2014年起，我国科研领域扩大自主权改革破冰起航，随后连续多年释放了多个减负放权的“政策红包”，激发创新活力。

2018年4月，松山湖材料实验室揭牌成立，作为广东和东莞科技体制机制改革的“试验田”，正式落户松山湖。一批科研人员从中国科学院来到了松山湖科学城。

同为实验室，“乔迁”广东东莞的目的和意义大为不同。松山湖材料实验室副主任黄学杰表示，“大学把钱变成纸，现在我们帮研究人员把纸变成有用的东西。”

换言之，来到东莞松山湖科学城，他们担负着把“把论文写在祖国大地上”的使命和担当。

2020年，东莞市制定出台了《松山湖材料实验室建设发展专项扶持办法（试行）》《松山湖材料实验室财政专项经费使用管理办法（试行）》两项政策，赋予材料实验室研究方向选择、科研立项、技术路线调整、人才引进培养、职称评审、科技成果处置和经费使用等方面的自主权。

根据《办法》，该实验室不定行政级别、不设工资总额限制，实行社会化用人和市场化薪酬制度，充分赋予实验室人事、财务、薪酬、科研组织等自主权。

同时，松山湖科学城改革科研项目管理制度，探索推行首席科学家制度、科研项目科学家全面负责制，探索创新科研经费管理机制，实行基础研究领域科研经费“包干制”等一系列改革措施，为优秀人才创新创业充分“松绑”，赋予高校、科研平台等创新主体在用人、资金等方面更大的自主权。

中国科学院院士、国家最高科学技术奖得主、松山湖材料实验室学术委员会主任赵忠贤院士倡导建立并指导的“实用超导薄膜研究团队”，最开始预算了900多万元进口一台设备。后来国外不卖该设备，该团队便自己研发，最后花了三四百万元就研制成功。“我们自己研发就不存在设备采购了，节约下来的钱，允许调到别的地方使用。”松山湖材料实验室主任助理王玉文说。

“我们引进人才方式跟国际上是通行的，面向全球招聘人才，不盲目以学历为标准，注重实际能力。”中国科学院院士、松山湖材料实验室主任汪卫华说，科研尤其是基础研究具有创新性，经费使用很难在前几年就计划得非常仔细，实时调整在所难免，东莞和松山湖在这方面做了大量开创性工作，起到了非常好的示范作用。

“允许用打酱油的钱去买醋”，赋予科学家更多自主权。5年多探索实践，汪卫华对于体制机制创新释放创新活力仍然充满期待。

“我们特别希望外界能够把实验室当作一个科研特区，给更多的灵活政策，更多的宽容。”中国科学院院士、松山湖材料实验室主任汪卫华表示，如果只是复制以前的实验室模式，实验室的建设意义并不大。实验室能不能建得好，更重要的是取决于在体制机制上能不能够实现真正的创新。

实验室外：工厂车间“觅知音”

在业界，科技成果转化是一项世界性难题。对于一项在实验室研发了数十年的前沿技术而言，要寻找到“下家”，往往陷入“曲高和寡、知音难觅”的窘境。而来到东莞松山湖，面对这座陌生的城市，如何克服“水土不服”，找到产业化发展的合作伙伴，成为跨出实验室的第一步。

作为制造业名城，东莞制造业产业链齐全、层次丰富、基数庞大，拥有经营主体166万户、工业企业21万家、规上工业企业超1.38万家……查阅广东东莞2023年度的新闻报道，可见上述数据。但对于一众科研工作者而言，这些数据无法带来更具体的想象空间。

“我们和东莞市科学技术局、松山湖管委会的工作人员聊，我们到企业一线去实地探查企业的技术需求，我们和企业负责人沟通未来的发展谋划……到现在，东莞原本生硬的整体数据已然化为了更具体的市场需求、技术需求、产业方向、未来趋势。我们也真正从实验室走到了更为广阔的市场。”松山湖材料实验室创新样板工厂的绿色非晶合金材料团队负责人孙保安回顾来到东莞后的情况时说道。

松山湖材料实验室创新样板工厂是松山湖材料实验室产业转化板块，定位于科技成果转化的关键环节，着力破除制约科技创新的思想障碍和制度藩篱，探索系列促进科技成果转化和产业化的体制机制。

2020年，在来到东莞2年后，松山湖材料实验室骨水泥材料团队现场负责人方灿良的身份发生了巨大的变化——从一名科研人员"化身"为中科硅骨(东莞)医疗器械有限公司联合创始人。从松山湖材料实验室孵化出来的产业化公司让科研团队实现了"裂变"新生。

"作价入股"成果转让模式成为成功"裂变"的现实路径。具体而言，将团队科技成果作价入股至产业化公司，采取"先奖后投，一步到位"的方式，前期先期确定奖励方案，然后采取"作价入股"方式，直接将股权分配给科技成果发明人，并将实验室股权划转给资产管理公司，最后通过第三方专业机构评估，完成整个科技成果作价入股的技术转移工作。

这是科技成果转化"松山湖模式"之一。打通科技成果转化"最后一公里"，松山湖材料实验室积极推动"科技创新+先进制造"的深度融合，还探索出技术参股模式，室企攻关、共建联合工程中心，以及依托"关键核心材料+创新平台资源"构建创新生态的产业集聚模式等。

其中，技术参股模式，以核心技术为抓手，投资由实验室团队孵化的产业化公司，通过技术及资金入股的方式并购相关企业，从市场需求端出发，推动产业化进程，实现"科技创新+先进制造"的"双向奔赴"。

中小企业东莞市尼轩电子有限公司受困于原材料供应、技术、资金等，陷入"价格战"的困境。由松山湖材料实验室轻元素先进材料与器件团队投资孵化的中科晶益（东莞）材料科技有限责任公司，通过技术及资金入股并购尼轩电子，助力企业升级并跃升为多家头部企业供应商。

"这是一次梦幻般的合作，公司自此开启了在更高维度、更广领域的新征程。"尼轩电子创始人之一王清林回顾双方机缘凑巧下开展的合作时颇为感慨。

有赋能企业转型升级，科技成果转化的"松山湖模式"，也有强强联手、共赴山河的并肩共进。松山湖材料实验室和相关龙头企业采取共建联合工程中心的方式，

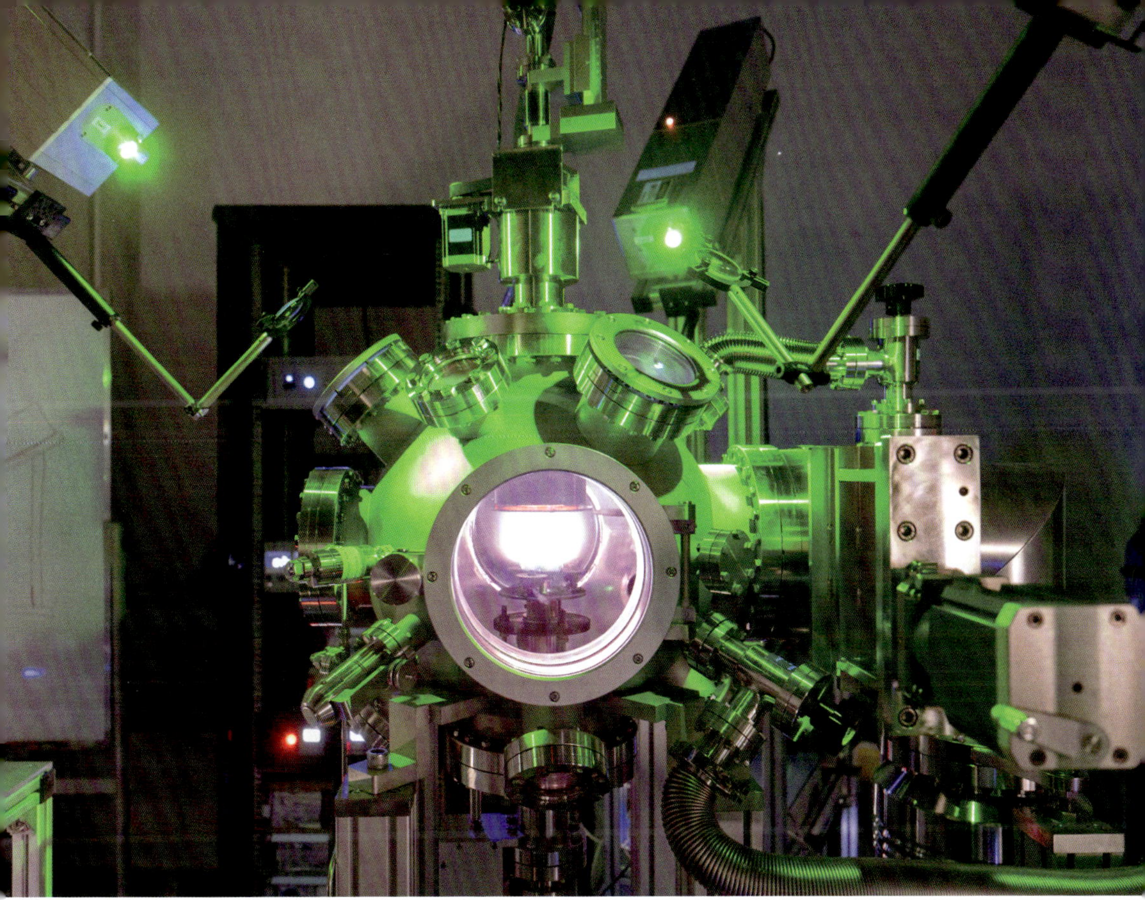

以“材料底层创新能力+企业技术能力”的组合，补链强链，共同攀登科技前沿领域的高峰。

目前，松山湖材料实验室共建联合工程中心的企业涵盖市内企业、省内企业以及国内头部企业三大圈层，包括中国一汽、东风汽车、宝武集团、中国航发、中铝集团、养生堂等知名企业。

松山湖材料实验室科技成果转化的第四种模式为“关键核心材料+创新平台资源”供给模式，“打开大门”做科研，吸引上下游企业共同研发，构建产业链创新生态。

目前，节能减碳产业集群、能源材料与器件创新工场、先进制造创新工场在这种模式下，均进展顺利，已初见成效，推动产业链集聚东莞。

一组数据可见科技成果转化“松山湖模式”已然打通了科技成果转化的“最后

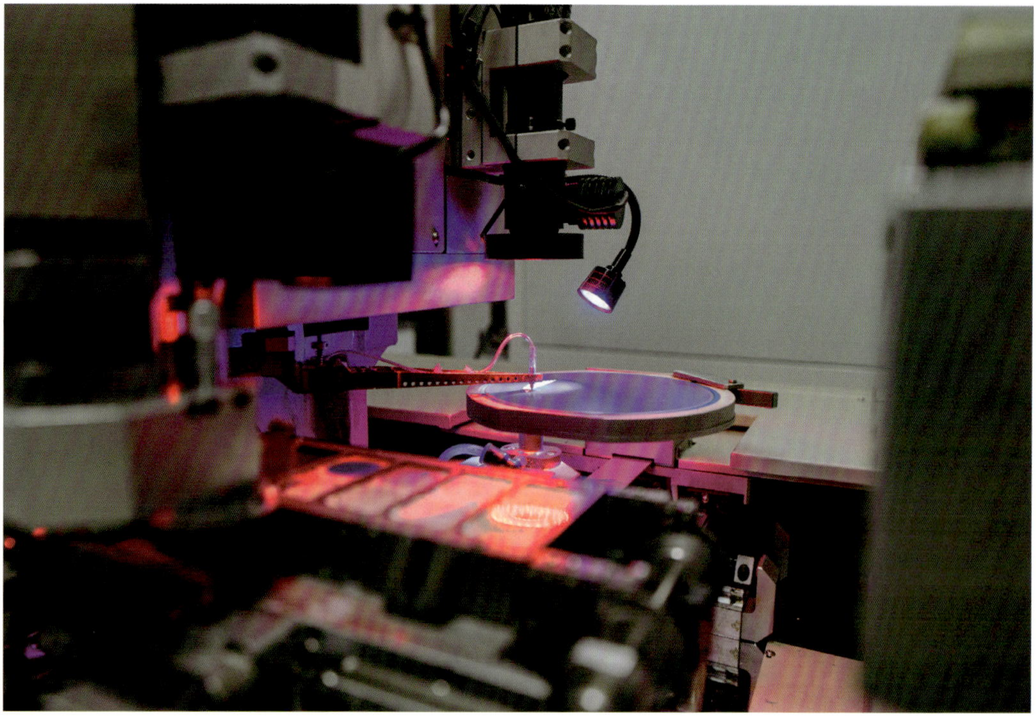

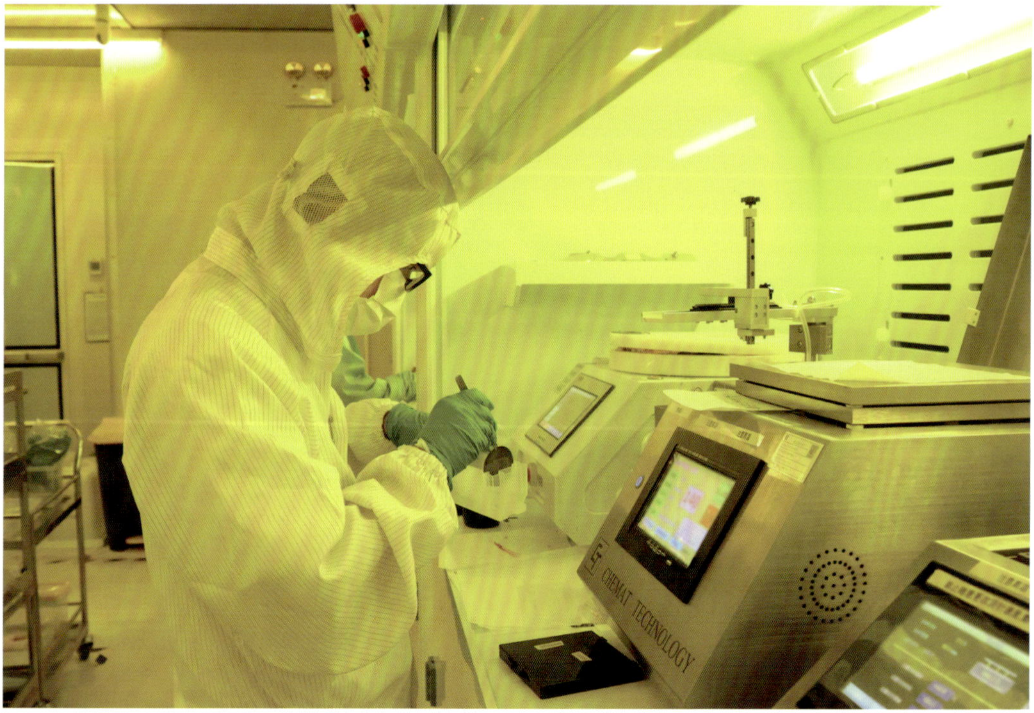

一公里”的亮眼成绩。截至目前，创新样板工厂25个项目团队共孵化产业化公司44家，销售合同额超6亿元，其中17个团队完成一轮或多轮融资，融资金额超7.5亿元，市场估值超40亿元；现已申请专利790件，其中国际专利16件。

走向大湾区：每一款材料都是一个超级 IP

2020年初的一天，松山湖材料实验室基于高性能碳化硅多孔陶瓷新材料，采用新一代多孔介质燃烧技术开发的新型水套加热炉燃烧系统，以强大技术优势，在中石化胜利油田的竞标中高分胜出——满分100分，取得94.7分，遥遥领先第2名（第2名为50多分）。

在“碳达峰”“碳中和”的趋势下，参与本次竞标的松山湖材料实验室基于高性能碳化硅多孔陶瓷，采用新一代的多孔介质燃烧技术，开发的新型水套加热炉燃烧系统，为胜利油田解了燃眉之急。

多孔陶瓷团队解决的是胜利油田“燃烧”的问题。多孔介质燃烧技术是一种气体燃料和氧化剂预先混合，然后进入多孔介质并在其孔隙内或表面进行燃烧的最新一代国际先进燃烧技术。

一个新材料，如同一个超级强大的IP，具有无限可能，可以“嫁接”到多个领域。截至目前，松山湖材料实验室采用新一代的多孔介质燃烧技术，已经开发了一系列可在热力、钢铁、有色、陶瓷、玻璃、汽车等众多行业广泛应用的燃烧器和热工装备，具有广阔的应用空间和市场前景。

“谁掌握材料，谁就掌握未来！”中国科学院院士、松山湖材料实验室理事长王恩哥常将这句话挂在嘴边，一语道出了材料科学对社会经济发展的重要性。

“石器时代”“青铜时代”“铁器时代”“硅时代”……每一种新材料的发现和应用推广，都带来了生产力和生产方式的巨大变革，影响了社会发展走向。

新材料既是战略性、基础性产业，也是制造业高质量发展的先导。新能源、智能制造、医疗健康、云计算与人工智能等领域都开始加速材料创新的步伐。

松山湖材料实验室在新一代非晶合金、新能源催化材料、半导体材料、实用超导薄膜、先进钢铁材料、生物界面材料、先进陶瓷材料、高熵合金材料等20余种新材料领域均有布局，其未来可以展望的空间足以让人充满期待。

2023年4月25日，松山湖材料实验室迎来5周岁生日，系统回顾5年来在科研创新、队伍建设、机制探索、产业转化等方面所取得的成果、经验，并举行一批重大合作项目签约及创新样板工厂团队新一轮融资启动仪式。

五年时光，新材料领域的硬核科研成果不断涌现。实验室主任汪卫华院士、双聘研究员柳延辉和美国耶鲁大学等国外大学组成的合作团队在Nature上发表了“材料基因工程方法开发高温非晶合金”的研究成果，入选2019年中国科学十大进展；松山湖材料实验室/北京大学刘开辉教授、王恩哥院士研究团队与南方科技大学俞大鹏院士、韩国基础科学研究院丁峰教授等合作的研究成果“实现尺寸最大、晶面指数最全单晶铜箔库的可控制备”入选2020年度中国重大技术进展……

起于科研工作者实验室里的孜孜以求，勇攀科技创新的高峰，落地于东莞松山湖科学城这个日益肥沃科创沃土，得益于“允许用打酱油的钱去买醋”，赋予科学家更多自主权，科技创新的体制机制，成于东莞庞大的制造业需求，实现“科技创新和先进制造”的双向奔赴。

近年来，松山湖材料实验室已然成为东莞松山湖科技创新和经济高质量发展的重要组成部分，科研工作者们在这里升腾出科技创新的全新气象，在实验室里一笔一画写出的论文，在大湾区的广阔大地上，在一条条生产线上，化为助推社会经济发展的强大动力，为大湾区科技创新贡献强劲动能。

记者观察：融入大湾区的科创之花

2020年7月，松山湖科学城正式纳入大湾区综合性国家科学中心先行启动区。这为亟需转型升级的“世界工厂”带来全新的想象空间和发展前景。

前有中国散裂中子源这一全国首台、世界第四台脉冲式散裂中子源这一“超级显微镜”，为我国物理、化学、材料、医疗等诸多学科领域科研提供有力支撑，后有松山湖材料实验室这一首批启动的省级实验室，先进阿秒激光设施等大科学装置持续落地，东莞科技创新的源头动力将蓄满澎湃新动能。

松山湖材料实验室定位于成为有国际影响力的新材料研发南方基地、国家物质科学研究的重要组成部分、粤港澳交叉开放的新窗口的松山湖材料实验室。

5年多的探索实践，松山湖材料实验室一笔一画把论文写在众多战略性新兴产业的关键技术节点上。从“0”到“1”的科研实践很难，从“1”到“10”，再到“N”的产业化发展也很难，但所取得的成果之丰，未来所展现的前景之广阔也更让人充满期待。

一款新材料从实验室里历经数十年如一日的研发，成功“诞生”，从“0”到“1”，落地东莞的5年多时间里，如同滚雪球一般，从“1”到“10”，再从“10”到“N”，抵达产业化，送到消费者手中，蹚出一条路来，形成松山湖模式，给出科技成果转化的“松山湖答案”，在粤港澳大湾区科技创新的时代洪流中奔涌向前。

却顾所来径，苍苍横翠微。截至2023年4月25日，松山湖材料实验室积极探索“前沿基础研究—应用基础研究—产业技术研究—产业转化”的全链条创新模式，并迅速发展成为大湾区综合性国家科学中心建设的重要支撑平台。5年间，实验室队伍从3人到千人，顺利建成了四大核心板块，成功布局十大科学研究方向，参与并见证了松山湖从“科技产业园区”到“大湾区综合性国家科学中心先行启动区”的蝶变。

5年，在时间的长河中或为一瞬，但5年足以让我们期待一个更为光明璀璨的未来，在时代的东风中，在科技创新成为全球竞争的主战场的时代背景下，松山湖材料实验室的发展将进入一个全新的发展阶段。

广东华中

大学工业技术研究院

为使命而生

广东华中大工研院

【从学术研究结出的只是“青苹果”，到将科技与产业相结合，种下“苹果树”结出成熟的“红苹果”，再到打造“苹果园”，广东华中科技大学工业技术研究院成为东莞松山湖科学城科技创新的重要力量。】

进入松山湖10余年，广东华中大工研院的发展壮大和“三”这个数字产生了奇妙的联系——

“无级别、无编制、无运行费”“有政府支持、有市场盈利能力、有激励机制”的“三有三无”体制机制及成果转化模式；

依托学校科研技术优势，立足东莞乃至广东的产业发展需求，探索打通“样品—产品—产业”科技成果转化链条；

从学术研究结出的“青苹果”，到将科技与产业相结合，种下“苹果树”结出成熟的“红苹果”，再到打造“苹果园”。此外，还有“创新、创业、创富”三者相结合的激励机制……

“三”这个数字的背后，是广东华中大工研院自2008年筹建之初30多人的小团队，到发展壮大，拥有600多人规模的研发团队、1000多人规模的工程化团队的探索实践，是科研工作者“把学问做在车间里，把文章写在大地上”强大理想信念的支撑，是城市转型升级的发展所需，更是新时代下科技创新浩荡大势下的生动体现。

融入时代者，必将被时代予以“褒奖”。

初游湖：“三有三无”体制机制激活创新活力

广东华中大工研院是东莞市政府、广东省科技厅和华中科技大学于2007年联合共建的公共创新平台。

作为东莞在松山湖建设的首批重大科研机构之一，2007年，广东华中大工研院在松山湖的一片黄土地上打下第一根桩。

次年，36岁的年轻教授张国军与时任华中科技大学校长的李培根院士进行一番谈话后，人生发生了戏剧性的变化——从攀登学术研究的高峰到开拓未知的市场，他的身份从单纯的大学教授转变为奔赴在实验室、企业的一线科技创业者。

做科研，一个长板就能成功；做企业，一个短板就会失败。初到松山湖，张国军面临着仅有30余名团队成员，建设经费也并不宽裕的窘况。他们仅有的是“把学问做在车间里，把文章写在大地上”的理想信念。

创业，人才是关键。如何吸引人才、留住人才成为首要的难题。2010年，广东华中大工研院率先开展“三无三有”体制机制改革。

张国军认为，广东华中大工研院坚持“事业单位、企业化运作”模式，虽然没有编制、级别和固定运行经费，但在政府的大力支持下，可以实现市场化盈利，并通过“创新创业与创富相结合”的激励机制，激发团队活力。

自此，广东华中大工研院启动一系列在当时外界看来大胆的创新尝试——突破国有研究机构的管理体制，通过设立人才激励机制，不断壮大人才队伍。为进一步提高研发人员的创新积极性，2010年，广东华中大工研院率先出台了无形资产评估激励制度，将知识产权所形成的无形资产价值的50%—70%归于创造该知识产权的团队所有。

同时，广东华中大工研院实行理事会决策制和院长负责制，拥有相对独立的财权、人事权。此外，积极邀请企业参与到研发活动中，可根据实际需求自主确定选题，动态设立与调整研发单元，灵活配置科研人员、组织研发团队、调配仪器设备等，具有相对较大的学术自主权。

这就是广东华中大工研院独有的“三有三无”模式，即“无级别、无编制、无运行费”“有政府支持、有市场盈利能力、有激励机制”的“事业单位、企业化运作”的新型体制机制。广东华中大工研院的体制机制及成果转化模式在社会产生积极影响，被誉为“新型研发机构的典型代表”。

人才蔚，则事业兴！如今的广东华中大工研院，已拥有600多人规模的研发团队、1000多人规模的工程化团队。同时，先后获批1支国家重点领域创新团队（2019年全国50家之一)、7支广东省创新团队(占东莞市18.4%)、东莞市特色人才39人(约占东莞市10%),打造了“院士牵头、专职队伍为主、海外团队补充”的队伍体系。

再进阶:时代的馈赠

近年来,广东华中大工研院作为“新型研发机构的典型代表”,频频迎来重磅荣誉和科研突破——

2022年,广东华中大工研院正式获批为粤港澳大湾区国家技术创新中心分中心。松山湖科学城再添国家级创新平台。

2021年,以广东华中大工研院为促进机构的东莞市智能移动终端产业集群成功入选第一批国家先进产业集群,广东省智能机器人研究院作为重要平台的莞深佛广联合的智能装备集群被纳入第二批国家先进产业集群。

同在2021年,广东华中大工研院牵头完成的自主无人艇机集群跨域协同关键技术及应用项目,获2021年度广东省技术发明奖一等奖,是全省5个一等奖之一。

此外,广东华中大工研院还在运动控制、智能感知、无人自主技术、工业大数据、3C产业智能制造装备及大功率激光器等研发领域取得重要突破,相关成果获国家技术发明二等奖、广东省科技进步特等奖等;开展的高功率光纤激光驱动13.5nm极紫外光刻机光源研究,获得首批广东省基础与应用基础研究重大项目立项(全省13个之一)研发的工业级RFID在国内市场占有率排名前三(西克、西门子排第一、第二),家电行业市场占比超过70%,相关成果获国家技术发明二等奖,为东莞建市以来首个……

入莞10余年,从原本支撑东莞乃至广东的毛纺、家具、模具传统制造业转型升级,到纳入大湾区科创战略,发力工业大数据中心和无人自主技术等前沿领域研究,广东华中大工研院多次“进阶”,以科技引领产业,服务国家重大战略。

“未来,工研院、广智院将肩负国家战略,推进大功率激光器等技术的国产替代,推进开展光刻机光源等‘卡脖子’难题研究,支撑国家重大工程。”在入选粤港

澳大湾区国家创新技术中心分中心后，张国军对未来广东华中大工研院的发展目标更为高远。

或许是冥冥中的巧合，张国军入莞的第一年迎来了席卷全球的金融危机，乘改革开放春风而兴起的“世界工厂”一时步入低谷，转型升级成为必经之路。广东华中大工研院的创立，担负着为城市产业转型升级的使命。

转型升级是过往多年发展历程的延续，在科技创新领域，东莞这座城市同样在阔步前行。

2020年7月，松山湖科学城正式纳入大湾区综合性国家科学中心先行启动区，东莞科技创新从“地方队”跃入“国家队”。

2022年8月29日，广东省委、省政府发布《关于支持东莞新时代加快高质量发展打造科创制造强市的意见》，为东莞指明了方向——打造科创制造强市。

其实是和城市的同频共振。依托华中科技大学的学术优势，广东华中大工研院多年来在科技创新领域向前沿探索，焕发光彩，成为东莞“科技创新+先进制造”城市特色的一部分。

更是时代趋势使然。当今世界，科技创新已经成为提高综合国力的关键支撑，成为推动经济和社会发展的强大动力。国家如此，城市的进阶亦然。

在张国军的心目中，东莞已经成为他的“第二故乡”。回望过去的发展历程，他最初进入东莞创业的朴素想法——“华中科技大学是一所以制造见长的高校，而东莞是全球制造名城，这一点很契合”，如今，广东华中大工研院已经化为成片的“苹果园”，实现从“样品”到“产品”再到“产业”的进阶。张国军和他所带领的广东华中大工研院也在时代科技创新的恢宏进程中，在城市汹涌向前的进程中，持续绽放科技工作者的光彩。

向未来：为大湾区科创贡献新力量

张国军和广东华中大工研院在东莞松山湖的十余载时光里，探索构建了"研发基地—孵化器—加速器—产业园"的成果转化链条，已然成为融入松山湖科学城发展的一股新生力量。

在东莞全市范围内，广东华中大工研院还自主打造了"华科城"科技企业孵化园区，让科技成果全市开花，已建设12个园区，其中5个国家级孵化器、4个国家级众创空间。累计孵化高科技企业1448家，其中科技成果转化创办企业73家，持股企业在创业板及科创板主板上市8家，过会企业3家，上市后备企业5家，国家高新技术企业142家，新三板挂牌企业8家。

回顾是为了更好地前行。面向未来，建设粤港澳大湾区国家技术创新中心分中心成为广东华中大工研院的重要抓手。

作为国家战略科技力量，大湾区国创中心将在"基础研究+技术攻关+成果转化+科技金融+人才支撑"全过程创新生态链发挥重要作用，以关键技术研发为核心使命，产学研协同推动科技成果转移转化与产业化，为大湾区产业发展提供源头技术供给，为科技型中小微企业孵化、培育和发展提供创新服务，培育发展新动能。

"因为以前做的工作主要是为东莞现有产业服务，用我们的话总结就叫科技支撑产业。下一步，我们希望多做一些科技引领产业的工作，包括前沿技术的研究，正在规划建设工业大数据中心和开展无人自主技术研发，希望能为东莞的产业提供一些前瞻性的研究。"张国军表示。

同时，随着大湾区综合性国家科学中心先行启动区（松山湖科学城）建设的全面启动，广东华中大工研院也正积极规划建设国家数字化设计与制造创新中心华南中心、强场科学中心等重大平台，争取在推动东莞凸显"科技创新+先进制造"城市特色的道路上，贡献更多新力量。

记者观察：从初来乍到到融入大湾区科创

2008年之前，张国军教授没有预料到自己的人生会和东莞松山湖发生如此紧密的联系。但以未来视角回望，在当前大学教授依托自身技术优势，成立产业化公司已然成为新兴潮流的情况下，张国军教授的选择或者不是发生在彼时，就是发生在此时。

广东华中大工研院是松山湖科学城新型研发机构的代表之一。当前，松山湖科学城培育引进一大批新型研发机构及市级以上工程中心和重点实验室，形成了类型多样、优势明显的研发体系布局。

与此同时，香港城市大学（东莞）和大湾区大学（松山湖校区）正加快建设，仅有103平方公里的松山湖将拥有6所高校。

广东华中大工研院从初来乍到以科技支撑当地产业发展，到迎科技创新的时代春风，成为粤港澳大湾区国家技术创新中心分中心，成为东莞松山湖科学城科技创新的重要力量。其所有的进阶之路，无不深深镌刻着时代的鲜明烙印。

身为城市的一员，张国军对于广东华中大工研院的思考也遍及整座城市。他认为，未来产业不应只追求数量与产值，而在于高质量发展。通过培育明星企业，建设新园区，输出高质量产业，打造国家级产业集群。

张国军表示，希望结合松山湖独特的资源优势，加强无人自主技术、智能终端、工业大数据及激光产业的培育力度。尤其在激光产业上，松山湖拥有全国唯一、全球第四台脉冲式散裂中子源。此外，阿秒激光设施等大科学装置集群逐渐成形，在深化前沿基础研究中具备得天独厚的资源条件。

奋楫笃行，履践致远。张国军和他所带领的广东华中大工研院，在大湾区的澎湃发展中，和东莞，和松山湖科学城同频共振，成为参与城市进阶的亲历者、见证者，成为时代的弄潮儿，共赴科技创新的星辰大海。

新一代信息技术产业

CHAPTER TWO

创 想 者
松 山 湖

COROS
08
89%
8034
108
TUE
08-29
36
800

COROS
BARO
HEART RATE
DUAL FREQ GNSS
PACE 3
WR 5 ATM

创业与奔跑

高驰运动科技

【传奇跑者创造“奇迹”的赛场上，有松山湖“智造”贡献的科技力量。智能运动手表热度攀升的深层原因，是人类“天生喜爱运动”的基因。每一个人都是潜在的跑者。】

在2023年柏林马拉松赛上，肯尼亚长跑名将基普乔格以2小时02分41秒的成绩夺冠。这是基普乔格赢得的第五个柏林马拉松赛冠军。而在上一年度2022柏林马拉松的比赛，基普乔格再度见证了人类新的历史：2小时01分09秒。《纽约时报》称之为“有史以来最伟大的运动员”。在这位传奇跑手创造“奇迹”的赛场上，有东莞“智造”贡献的科技力量。基普乔格手上戴的智能运动手表，便是来自东莞松山湖的运动科技品牌——高驰（COROS）。

传奇跑手与东莞“智造”

“每次训练我都会监测自己的心率，我有一个追踪心率的手表和一个可穿戴的小型仪器，它能显示你的左右脚是否在跑步过程中保持平衡，以便于你改进跑步姿势，我每天都戴。”在埃鲁德·基普乔格个人纪录片《最后的里程碑》中，这位世界记录保持者谈到了自己对训练中善用科技辅助训练的想法。他提到的这款运动穿戴设备，就来自东莞松山湖企业——高驰运动科技公司（COROS）。

创立于2014年的高驰（COROS），在近年可穿戴设备市场持续爆发的潮流中，作为新秀止斩露头角，成为圈内不少用户心目中的“国货之光”。

时间回到2006年，高驰创始人牛浩田刚从俄罗斯工科名校圣彼德堡国立精密机械与光学学院（IFMO）获得光学硕士学位，选择再次拾起本科对计算机的热爱，进入俄罗斯知名IT企业Nienschanz公司，不久后升任消费类电子事业部产品经理。在此期间，他主管MP3、消费型耳机产品、GPS导航仪等产品，并频繁往返中俄。这也让他对两国市场消费类电子产品的发展历程，尤其是在线导航服务市场，进行了

深入了解与调研。

对于这段经历，牛浩田后来回忆："这段经历很有意思，作为当时公司唯一一个中国人，我需要在一家国外企业中做出业绩、得到认可，很有挑战。"尽管在该公司业绩不错，但这对于牛浩田来说还远远不够，他的梦想始终是为用户创造价值，所以他选择了回国创业。

大约2006年起，牛浩田发现中国一些企业逐步做出了独创的产品，包括独立定义功能、开发电子和软件等，打出自有品牌。牛浩田嗅到了机会的味道——这意味着中国企业正开始主动掌握产业链中的核心部分，无疑将助力行业腾飞。"国外很多公司都是委托开发与生产，绝大多数时候是做贸易。但是如果我想真正掌握这个领域的创新和产品开发，就必须得回国。" 2009年9月，牛浩田回国并加入全球领先的导航开发方案商远峰科技有限公司，2010年随公司来到松山湖发展，2014年带队创立高驰。

在高驰进入这一领域之前，长期以来，专业运动手表市场由佳明和颂拓支配。

佳明（Garmin）成立于1989年，34年前，Garmin 以航空 GPS 导航产品进入市场，而后在航空、航海、车用、运动健身市场都有产品。

颂拓（Suunto）在芬兰问世已超过80年，涉及登山、徒步、定向、训练、潜水、滑雪、自行车、铁人三项、航海和高尔夫等运动领域，是全球顶级运动手表的设计制造商。颂拓手表一直以其产品的精准可靠和时尚设计为消费者所推崇。

2015年，高驰（COROS）团队推出唯乐（WeLoop）运动手环。手环上市后，因为其精准的心率检测和GPS定位能力，广受用户的好评。2016年9月，COROS在Kickstarter 众筹平台发布第一款产品Linx智能头盔，获选“我们喜欢的选定项目”。2017年12月，COROS在Indiegogo 发布OMNI智能头盔。2018年1月，在2018国际消费电子展（CES）上，OMNI获得2018年CES创新奖“Innovations Award Honoree”。2018年6月，COROS发布PACE综合运动手表。如今，高驰旗下三个系列产品，分别是主打场地竞赛的COROS PACE、主打户外竞速的COROS APEX和定位户外极限运动的COROS VERTIX。

除了牛浩田深耕智能穿戴行业十多年外，在团队内，交互设计、软硬件开发、算法优化、品牌打造等方面均有较强的能力。公司通过专利金属环天线、高精度传感器、高速数据传输等，能够提供高水准的产品性能。在产品定位上，品牌不仅拥有轻量级竞技运动手表，还有兼备户外的越野竞速手表，以及面对极限环境的户外探险系列。

与奔跑者为伍

2019年国庆节期间，由吴京、章子怡、张译主演的电影《攀登者》在影院上映，最终拿下10.8亿元的票房成绩。高驰牵手《攀登者》，发布了COROS VERTIX 极限户外手表攀登者纪念款。攀登者编剧阿来、电影杨光一角的原型夏伯渝以及近代国内登山家李宗利、周鹏等人都是高驰手表的忠实用户。随着电影的热映，该联名款

AM
25
MON
08
35
8034
650
100
80
COROS

手表也深受登山界人士的追捧。

2020年高驰与埃鲁德·基普乔格（Eliud Kipchoge）签约合作，自此基普乔格成为其全球形象代言人。基普乔格是唯一全马跑进2小时的选手，两次创造马拉松世界记录，第三位在奥运会上蝉联金牌的马拉松运动员。

高驰还在全球范围内赞助顶级选手、组建COROS精英战队，囊括了中国和世界范围内的顶尖马拉松运动员、越野跑精英选手等。国内越野跑选手申加升，创造UTMB中国人最好成绩；铁人三项运动选手李鹏程（巴斯），获得2023年铁三世锦赛年龄组季军；国内马拉松选手中也有升焦安静、张德顺、董国建等人不断创造成绩。海外包括顶级越野跑选手Kilian Jornet（K天王），UTMB三次夺冠选手，传奇攀岩家，“金冰镐”得主Tommy Caldwell等一众顶级户外运动家选择成为COROS的精英运动员。这些选手也为高驰带来了更多的关注度，建立了更多的品牌联想，让普通消费者对运动明星的感情迁移到了商品上。

在牛浩田看来：“探索精神是人类与生俱来的精神。要以饱满的热情去探索世界和人生的极致体验，这是高驰希望传递的理念。”

高驰还将在运动科学领域持续投入，开拓更多相关品类产品，为更多有志于提升运动成绩的用户提供更好的帮助与体验。

长跑名将基普乔格的信条是“人类没有极限，我不知道极限在哪里，但我想去那里。”他在个人纪录片中说：“请记住‘人类是没有极限的’，如果90%的人相信他们没有极限，不断冲击更高的境界，那你们和世界都会因此而快乐。”

如今，高驰的产品将运动科学与智能技术结合，上线了个人体能训练管理系统EvoLab，以及训练管理平台TrainHub，提供科学高效的体能训练方案，帮助一批全球顶尖户外运动家的运动成绩不断突破极限，也凭借人性的功能设计让无数运动爱好者爱上奔跑，锻炼更强健的体魄，这赢得了众多用户的喜爱。

记者观察：创新没有极限

巴菲特说过，人生的很多问题，跑步可以给你答案。

创业如跑步，也许这就是奔跑的意义。

创业就像跑步一样，需要不断地学习、磨炼，才能跑得稳、跑得好，也唯有从不间歇地跑，才能遥遥领先，捷足先登。

创业如同跑步，首先，创业是个很难的事情，它需要创始人和团队拥有坚韧的毅力。无论创业还是人生，总会经历迷茫和痛苦的时期，就像电影《阿甘正传》中说的那样，有人问他，为什么跑步？阿甘很酷地说，just run。

所谓征服，并不是征服一座山或征服一条跑道，而是征服自己内心那个相比于外表而言更加脆弱而怯懦的念头。

创业存在着许多“撞墙期”。

人需要一次又一次让自己经历“淬火”，才能变得更加坦然，创业需要这样，生存也需要。

中国的创业者，最后能够成为这个时代中坚的企业家，其实都经历过人生的至暗时刻。

创业大部分都是有了一些条件，但不完善，先做起来，在行动中完善。就如同在奔跑中调整姿态！

和学游泳一样，没有哪个人是在岸上学会游泳的，都是掌握一定要领或是拿个游泳圈就跳下水，从直接沉底到不断调整姿势，最终学会游泳的。

作为一个户外运动爱好者，牛浩田相信，智能运动手表热度攀升的深层原因，是人类“天生喜爱运动”的基因。“我认为运动的欲望是刻在人的骨子里的，每一个人都是潜在的跑者。”开始创业起，高驰逐步摸索，最终选择进入专业户外运动领域。抱着这样简单而执着的使命与愿景，高驰专注研发、打磨产品，并在2018年底推出首款COROS品牌的户外运动系列产品，正式入圈。

2018年底，高驰（COROS）这样一个国产品牌突然进入大众视野，在此之前，运动智能手表领域一直是佳明独占鳌头；其次就是颂拓手表在越野和户外极限运动爱好者中认可度很高；到2019年以后，高驰发布的三款手表已经迅速获得跑步者的青睐。

CREATOR STORY

EDIFIER漫步者
东莞市漫步者科技有限公

科技辟出声学新赛道

漫步者

【硬核科技的背后是创新的永不止步。在松山湖，漫步者通过深挖细分领域需求，正以科技辟出一条创新、时尚的声学新赛道。】

《流浪地球2》，2023年春节档最火的电影，影片中科技感十足的各类型耳机成吸睛亮点。这一耳机正是由专业化音频设备科技企业——漫步者设计并以工业化标准进行制作的道具耳机。

作为漫步者集团的核心企业和最大的生产制造基地，东莞漫步者自2006年落子松山湖，到2011年正式投产，一路创新前行，和集团共同亲历和见证了中国音频产业的辉煌历程，以科技辟出一条创新、时尚的声学新赛道。

出圈：硬核科技与科幻情怀

步入位于松山湖的漫步者东莞基地的一楼展厅，率先映入眼帘的就是其为电影《流浪地球2》打造的耳机。这款充满科幻感的耳机已然成为2023年度最火的耳机。

2023年春节档大片《流浪地球2》火爆海内外，为其电影周边衍生品带来了极高的热度——片中科技感炸裂的耳机，成为网友热捧的焦点之一。漫步者也从耳机发烧友的小圈子里，瞬间成为全网关注的最大热点。

作为电影独家耳机合作品牌，电影中未来世界的所有耳机都由漫步者精心量身定制，经过工业设计、3D打印、结构论证、模具开发等一系列产品化流程制作，最终呈现在观众视野中。

电影《流浪地球2》的导演郭帆曾言："漫步者让我体会到一个国产音频科技企业的硬核实力与科幻情怀。"

1996年，EDIFIER漫步者在北京创立，并于1997年开始拓展海外市场，以中国自主品牌的形象走向世界。

东莞漫步者于2006年落子松山湖，是较早一批落地松山湖发展的企业之一，是漫步者集团的核心企业和最大的生产制造基地。

彼时，松山湖凭借环境优美、开放的产业生态圈以及政府大力的政策扶持，吸引诸多科技企业争相进驻。松山湖广阔的发展空间、完善的产业链、良好的营商环境吸引了漫步者。

新工厂的投入使漫步者产能得到较大提升，同时无论是环境还是电力的供应，都有了极大的提升和保障。此外，新工厂是完全按照国家的安全标准来设计，包括结构标准、消防规范等都严格按照国家相关标准建设。

“栽下梧桐树，才能吸引更多人才。”漫步者董事长张文东表示。

回望漫步者发展的历程，也可洞见耳机大热背后的超前布局和持之以恒的专注精神。

在东莞漫步者2011年正式投产，也刚好是漫步者成立15周年之际，张文东在接受采访时表示：“耳机部分是漫步者重点投入的项目，也是未来漫步者的一个重要的增长点，我们一定会大力地投入。”

诚如斯言。借助电影《流浪地球2》的大热，漫步者成为全球关注的焦点，也是自这一次布局开始。

从早期的2.0对箱，再到2.1多媒体电脑音箱，再到5.1立体环绕声家庭音响，再到汽车音响，再后来的家居音响、蓝牙音响、智能音响，漫步者都以领先行业、引领未来的姿态出现在每一位消费者面前……时至今日，漫步者亲历和见证了中国音频领域的发展全过程。

如今，漫步者凭借着扎实的电声技术、创新的设计理念、先进的电子工业实力赞誉满身，斩获国内外300多个奖项。

在国际市场，EDIFIER漫步者在海外市场的德国、英国、法国、意大利、美国、加拿大、日本、澳大利亚、俄罗斯、墨西哥等80多个国家和地区注册了多项国际商标。产品销售跻身全球同行业前列，漫步者代表着的“中国创造”，已成为誉满全球的音频科技企业，为中国品牌赢得了骄傲。

创新，永不止步

硬核科技的背后是创新的永不止步。

在漫步者公司大楼里，有一个特别的消声室。灰色的墙壁布满吸声尖劈，脚下踏着悬空的地网，每一款耳机和音箱产品上市前都要在这进行测试。

在这里，漫步者科技研究声音体自身振动的特点，并进行声音系统测试、高精度声音检测、传感器校准等测试，以提升耳机性能和使用体验。

在业界，漫步者率先创立了声学实验室，将近30年声学领域的积淀的研发成果融入产品，中心开发主要项目有109件，经过多年的技术积累和成果转化形成公司专属核心技术，截至目前声学实验室已获专利授权 47件，其中包括音质、降噪等领域技术专利。

秉承着“对声音的极致追求，对产品体验的严格要求”的发展战略，在有了专注声音极致追求的保障声学实验室后，漫步者又筹划2年时间打造耳感实验室。耳感实验室由漫步者集团研发副总裁温煜率领精英团队领衔打造。

EDIFIER

此前该团队为电影《流浪地球2》定制了多款概念耳机，在全网掀起催链接热，之前还在声学实验室中开启了与舒适相关的技术研究项目，如贴耳式耳帽及人体工学耳机专利。

将近30年的时间里深耕一个领域，从PC时代到智能手机时代，持续创新，让漫步者发展成为行业的领军企业。

依托于企业强大的新产品、新技术研发设计能力，全面而优秀的制造能力和精准的产品定位，公司旗下“EDIFIER漫步者”品牌已成为优质多媒体音箱及家用音响的代名词。漫步者的无线音箱、降噪耳机等3项标准，入围了2022年新一批全国企业“领跑者”榜单，“东莞制造”正通过标准指标成为全国同类产品的领跑者。

面对移动互联、AIoT时代智能硬件技术更新快、产品迭代周期短、用户需求日益多样化的趋势，漫步者打造了一支专业化、国际化、兼具经验与活力的年轻研发团队，聚焦产品本身，把品质做到足够好，做到有特色、有个性，研究和开发出能够让年轻人感到惊艳的产品。

在5G加速万物互联的今天，用户的音乐欣赏方式也进一步呈现出云端化、无线化、私享化、个性化、场景化等特点。漫步者把握音频产业数字化转型的契机，通过技术更新换代与市场无缝衔接，不断推出符合现代消费习惯和品味的新型音频类产品。

在业界，基于蓝牙芯片技术的发展，从2017年苹果取消3.5mm插口后，蓝牙耳机市场迅猛发展。漫步者推出的NeoBuds Pro重新定义了TWS耳机，将高解析度音频（Hi-Res）作为此类设备的新标杆，也是目前全球首款获得Hi-Res官方认证的TWS耳机。

接下来漫步者将和高通、AMS合作的骁龙声版本发布，进一步演绎新时代的高清之音。

记者观察：“漫步”从头越

和漫步者同期诞生的同行企业其实有很多，但现在依旧活跃于中国乃至全球市场的品牌却屈指可数。

一家企业如何永葆“青春”，始终立足于行业发展前沿？

27年前，PC刚开始普及，漫步者正计划着将精心打磨的音频产品送到用户的书桌上、客厅里。27年来，漫步者所面对的竞争品牌阵营也经历了多轮变化。

从最开始的对手是创新（Creative）、罗技（Logitech），到推出耳机产品，将产品版图由桌面、客厅延展至每个人的掌中、耳畔，漫步者的对手随即变换为两个更强大的品牌阵营，包括专业领域的森海塞尔（Sennheiser）、AKG、拜亚动力（Beyerdynamic）、铁三角（Audio-Technica）以及消费领域的索尼、Bose、Beats等。

如今，随着TWS技术的普及，漫步者的对手阵营再度转换。无论国内或是国外，在各种TWS耳机Top 10销量排行榜上，漫步者都有一席之地，而对手阵营也开始以手机品牌为主。

从2006年到2023年这17年，对于一家企业来说是一个不短的时间。进入松山湖17年后，漫步者已拥有丰富全面的产品线，并持续通过深挖细分需求，新品牌潜力巨大。漫步者敏锐捕捉市场机会，针对消费者在移动、居家以及车内三大主流场景，以及运动户外、游戏电竞、辅听助听、女性用户等细分场景，推出了多款顺应潮流、领先业界的产品，获得了不错的市场反响。

其中，“花再”是公司面向新一代年轻人的全新年轻品牌。“花再”品牌自推出后快速成长，未来有望成为与“EDIFIER漫步者”规模相当的品牌。公司旗下电竞品牌“漫步者HECATE”也有巨大发展潜力。

如同当年在中关村的蓬勃生长，在松山湖，漫步者，正以科技辟出一条创新、时尚的声学新赛道。

让中国电子系统的“心脏”更强劲

大普技术

【大普技术，以多年来的技术驱动，在时钟芯片领域频现高光时刻，让中国电子系统的“心脏”更强劲。】

2005年落地松山湖，从跟跑、陪跑迈向领跑，大普技术在时钟领域走出了一条持续向上、不断进阶的腾飞之路。

机遇之门只为不懈奋进的人敞开。如今在5G时代，大普技术已搭建覆盖全等级高稳时钟(OCXO、TCXO、时钟晶体、时钟模块、时间服务器等)、多品种时钟芯片（IEEE1588、RTC、Buffer、SPXO-IC、TCXO-IC、OCXO-IC等）全时钟产品链，是全球少数具备规模化提供高稳定度时钟产品与时钟解决方案能力的厂商之一。

“松山湖非常适合科研企业安静踏实做好事业。”大普技术创始人陈宝华表示，大普技术正积极筹划科创板上市，未来将进入新的发展阶段，不断加强技术创新和前瞻性布局，持续为中国时钟行业的发展贡献力量。

小芯片，大作为

2023年6月1日，广东大普通信技术股份有限公司正式向科创板提交IPO申请，并获上交所受理，拟募资10.53亿元。历经18年时光的洗礼，大普技术迎来了冲刺IPO的重要时刻——这一里程碑式的成就标志着大普技术即将迈向新的高度！

时钟芯片是一种集成电路芯片，用于产生稳定的基准时钟信号，确保系统的同步运行和数据传递的准确性，是所有电子设备运行的基础，被誉为电子系统的“心脏”。

具体而言，时钟芯片通常由发生器、计数器、数字电路和一些其他功能单元组成，其作用是提供一个精确的时间基准信号，用于控制电子设备内部操作。时钟芯片具有多种功能，如产生时钟信号、网络同步信号和去抖等功能，根据不同需求衍生出多种类型的产品。时钟芯片如同一把刻度精准的尺子，为电子系统的运转提供准确的时钟

参考。

近年来，随着技术的发展，时钟芯片已广泛应用于通信设备、卫星导航定位、汽车电子、安防监控、仪器仪表、工业控制、数据中心、光传输、智慧医疗、智慧城市、智能家居、智能家电、智能电表/水表/气表、智能手机、智能穿戴、消费电子及各种AIoT等高附加值领域，市场需求呈现指数级增长。

大普技术多年来以技术为驱动，在时钟芯片领域频现高光时刻——

在2022年8月召开的第12届松山湖中国IC创新高峰论坛，大普技术发布了两款具有里程碑意义的车规级高精度实时时钟（RTC）芯片，这一重大创新实现了国产替代，填补国内高精度RTC领域的空白。这不仅是技术上的突破，更是在国家自主可控的道路上迈出的坚实一步。

汽车是目前通信需求最复杂的终端产品。相对于手机，汽车具有更宽容的条件支撑高性能通信指标，但同时也面临着更复杂的场景和更苛刻的需求。随着人们对新能源汽车数据通信、质量管控和安全性要求不断提高，对时钟芯片的各项性能指标也提出了更加严苛的标准和要求。

目前，众多外国厂商在高精度RTC领域占据主导地位，然而，随着国产新能源汽

车的崛起，国产替代需求的加速，国内时钟芯片行业正迎来新的挑战和机遇。

车规级芯片，是指完全满足所有“车规认证”要求，并通过第三方认证机构认证的汽车芯片。“高稳定度的本地时钟，能够纠正由干扰导致的异常数据，从而确保定位精度的稳定，配合高性能的本地惯导，可在各种复杂场景下保障精确实时的定位精度。”大普技术CTO田学红博士表示。

大普技术自主研发的车规级高精度RTC—INS5A8900 & INS5A8804，在软、硬件设计上兼容国际主流品牌，管脚Pin-to-Pin完全相容，满足AEC-Q100标准，用户可以平滑将其切换到已有产品中，快速实现国产替代。

卫星导航定位的应用对于现代社会的各个方面都有着重要的意义和应用价值。

2023年2月，大普技术与中国联通、国家授时中心联合完成的“高精度同步网技术、标准、芯片创新及应用”项目获得了中国电子学会科学技术进步二等奖。

2023年10月，大普技术与中国联通、国家授时中心、思南导航合作开展的“中国联通5G+北斗的高精度授时定位关键技术及应用研究”项目更是赢得了中国卫星导航定位协会科技进步一等奖。

该项目相关成果已在雄安新区智慧交通建设、北京冬奥会等场景得到实际应用，实现了良好的社会经济效益，有力推动北斗产业的高质量发展，为我国数字化转型强势赋能。

大普技术在上述项目中承担了关键核心芯片的研发任务，成功研制出国产自主可控的1588时频同步芯片。该芯片内置IEEE1588v2精密时钟同步协议、高精度同步算法管理等软件，集处理器、锁相环、时钟缓冲器于一体，支持中国联通提出并被国际标准ITU-T和行业标准CCSA采纳的同步状态传递机制，是业内唯一的单芯片设计解决方案。其锁相环架构灵活，软件升级可支持新的时钟协议和同步算法等创新点，为提升“5G+北斗”高精度定位授时提供了核心技术之一。

5G以其高速度、大带宽和低时延特性，推动了物联网、工业互联网、自动驾驶等领域的快速发展，深刻地改变人们的生活方式和社会形态。5G基站的时间同步是实现高速率、低时延的关键核心技术之一，而时钟芯片在其中扮演着至关重要的角色。

紧跟产业发展趋势，以创新为驱动，大普技术成功抓住市场大势，自主研发了SPXO-IC、TCXO-IC、OCXO-IC，彻底摆脱高精度温度补偿算法芯片长期被国外进口掣肘的局面，并形成自己的核心竞争力，在市场份额上显著提升。近3年，大普来源于5G通信领域收入占比超过50%。2022年公司核心产品OCXO在5G通信基站BBU 领域的全球市场份额达到26%左右，在这一细分领域领先全球其他品牌。

未来，随着5G通信逐渐向高频化、超高速率、超低时延发展，时钟芯片的重要性将愈显突出，应用领域也将进一步扩大。

让中国“芯”更强壮有力

电子信息行业的发展日新月异，只有跟上产业进阶的企业才能屹立不倒。

从1G时代到5G时代，短短几十年里，世界发生了天翻地覆的改变，每一次的通信技术更新迭代，都是一次新的产业技术革命，推动着整个社会不断向前发展。而中国从1G时代到5G时代，中国通信企业经历了一次“新长征”。

机遇之门只为不懈奋进的人敞开。大普技术的成长之路值得借鉴。

“3G时代之初，TD-SCDMA向刚成立的大普开了一扇窗；4G时代，凭借5年以上为基站服务的数据积累，大普成功进入一部分头部企业的供应链；5G时代来临，大普坚持技术创新、不断提升研发水平、产品快速迭代，率先满足了各大厂商的入网测试要求，成为通信行业一颗耀眼的新星。卓越的产品性能和优质服务，让大普品牌快速进入国际主流市场。”陈宝华在回顾大普技术的发展历程时表示。

随着5G时代的到来，芯片的国产化已成为业界探索与追寻的主旋律，只有掌握自己的核心技术才能不受掣肘，才能为产业发展提供更强有力的支撑。大普技术投身其中，为中国芯注入活力，既是企业自身创新发展的具体体现，更是中国芯片崛起的生动缩影。

“好的产品并不是一天造就的，经过18年的精心打磨，我们今天才得以在舞台上立稳脚跟。”陈宝华如是说。

创新，是大普技术的DNA。大普技术拥有国家级CNAS实验室，是国际电信联盟ITU-T标准组织成员，与国内多家顶尖的科研院所和高等院校成立联合实验室，在基础研究、技术引入、产品研发上持续高比例投入。

经过18年的不懈努力，大普技术已经拥有一支具备丰富研发经验与技术积累、高复合学术与产业背景、结构完善的研发团队，致力于研究时钟芯片、高稳时钟、时间服务器和射频器件等核心技术及产品解决方案，引领科技发展潮流。

截至2023年5月31日，公司获批国内外技术专利、软著、集成电路布图等核心无形资产共计190+项，被评为国家专精特新“小巨人”企业，承担多项国家核心关键科研项目，并荣获各种荣誉奖众多项。

未来，大普技术坚持不忘初心，以时钟产品技术为基点，构建全时钟产业链，不断推出技术强关联的系列产品，牢牢把握电子系统的“心脏”，打造更加完善、健康的时钟生态体系，助力国产芯片事业发展。

记者观察："时钟芯片"的突围，一场"时间"的攻坚战

为确保芯片内部各部分协同工作，需要时钟信号进行同步。这是一个周期性的信号，就像"心脏"的跳动，确保数据在正确的时刻传输和处理。

国产化是一条充满挑战与机遇的道路，目前中国本土集成电路自给率、整体集成电路产业的全球市占率仍有待提高。要打破这一局面，唯有坚持长期主义，唯有坚守创新之道。在这方面，大普技术在时钟芯片领域坚守了18年之久，显然对创新有着更深刻的理解和更长远的展望。

面对复杂的国际形势和各种不确定性的挑战，同时以大数据、云计算、人工智能、物联网等新一代信息技术为核心的新一轮科技革命与产业变革正向我们走来。大普技术凭借其过硬的产品研发能力和在5G领域的不凡表现，成功脱颖而出。同时，大普技术积极拓展国际市场，不断赢得行业头部客户的青睐和信任。

对于当前国产替代浪潮兴起所带来的促进作用，大普技术做出如下回应：基于长期的研发投入和技术积累，大普技术已凭借卓越的技术实力与产品优势打入了全球五大通信设备巨头的供应链。在全球市场的开拓过程中，大普技术始终稳步前行，步步为营。

久久为功，厚积薄发。在无线通信领域，大普已进入全球主要通信设备商及多家国内外主流通信设备厂家的供应链体系，同时，还在卫星导航定位、汽车电子、安防监控、仪器仪表、工业控制、数据中心、光传输、智慧医疗、智慧城市、智能家居、智能家电、智能电表/水表/气表、智能手机、智能穿戴、消费电子及各种AIoT等领域持续发力。这种多元发展的战略格局，不仅彰显了大普的全面能力，更突显了其对未来的远见和决心。

大势将至，蓄势以待。如大普技术这般的芯片领域"小巨人"企业，将持续为中国时钟行业的发展注入活力、贡献力量，助力中国时钟行业加速向高质量、高效能、高附加值方向发展，让中国"芯"更强壮有力。

CREATOR STORY

创新引

弥泰

未来视界

创新引领未来视界

AET 阿尔泰

【一种新媒介形式的出现，可能引起的变化超乎想象。AET 阿尔泰在“屏”的世界里砥砺前行，以“创新引领未来视界”。】

邀请朋友到家里，享受不亚于专业影院的视觉盛宴，并可以同步获得全球最新上映的影片资源。

这是位于松山湖的东莞阿尔泰显示技术有限公司（以下简称“AET阿尔泰”）从B端迈向C端，布局LED微间距全新场景的生动体现。

在业界，2012年被视为小间距显示的元年，在小间距显示领域迎来爆发的“风口”期。

风口之上，有翅膀才能乘风起！从LED显示屏控制架构标准的制定，到显示屏领域最新发光材料的研发，再到显示驱动IC的设计……AET阿尔泰2016年入局，连续四年成为“央视春晚主屏供应商”，在多行业落地开花，迅速成长为行业内少有的拥有LED显示全产业链支撑的企业，努力实现“创新引领未来视界”的发展愿景。

站在未来，布局现在。AET阿尔泰将加速融合新兴科技，集成更多功能、衍生更多形态、植入更多场景，推动更多Mini/MicroLED显示科技成果落地，为中国LED显示名片响彻全球贡献自身力量。

“高光时刻”

连续4年，央视春节联欢晚会赏心悦目的视听盛宴背后，有AET阿尔泰的一份功劳。

中央广播电视总台《2023年春节联欢晚会》在技术创新应用上再次突破，实现多个“首次”：首次实现“8K超高清+三维菁彩声”春晚直播；首次使用我国自主研发的8K超高清摄像机参与春晚摄制；利用央视首创的智能伴随技术实现高清/4K/8K版

AET 阿尔泰
AET阿尔泰 2K、4K 10M电影屏
通过好莱坞 DCI-P3 认证

春晚同步制作；首次采用三维菁彩声制作春晚音频信号，最大限度还原春晚现场的音效，打造身临其境的效果……

这届春晚舞台LED主屏为阿尔泰QCOB产品——AT准显示单元（P1.8），每个单元均为1K/2K标准分辨率，可以快速直达8K+标准分辨率大屏，打造无界空间。

这是阿尔泰第四年成为“央视春晚主屏供应商”，其自主研发的升级款微间距面板工艺，从点光源升级为面光源，从根本上解决传统点光源易光衰、炫光等行业难题，以强大的技术实力助力央视春晚出彩。

在此之前，2020年鼠年春晚，央视采用AET阿尔泰特别设计的330平方米主屏；2021年牛年春晚，央视选用AET阿尔泰760平方米8K超高清弧形大屏作为舞台主屏，打造历史上首次采用8K制作+8K直播的春晚；2022年虎年春晚，央视选用AET阿尔泰QCOB产品配合“5G+8K”春晚直播，AET阿尔泰提供的舞台主屏与沉浸式虚拟制作LED屏面积超过2000平方米。

作为一次面向全球华人的大型直播活动，央视春晚对直播的每一个环节都要求百分百的可靠性、安全性，这对于企业是一次挑战。

AET阿尔泰对公司设备的可靠性很有信心。“一方面，我们有业界顶尖的技术实力；另一方面，在经过长时间的调试之后，可能存在的故障全部排除。”AET阿尔泰相关负责人表示。

AET阿尔泰的“高光”时刻远不止于此。

以XR应用解决方案，助力打造沉浸式数字文创内容生产“元宇宙”；以广电演播室解决方案，不断丰富“智慧广电+”传播形态、传播样式；以指挥中心解决方案，助推数字化转型，助力“智慧大脑”建设；以裸眼3D解决方案，打造“网红制造机”，重塑城市商业新地标；以LED电影屏解决方案，面向文化强国和电影强国建设，助推中国电影工业“弯道超车”；以会议一体机解决方案，提供身临其境的高效协作体验，让沟通更美好……AET阿尔泰LED显示综合解决方案已在各行各业落地开花、精彩绽放。

创新已经成为AET阿尔泰发展的第一“驱动器”。阿尔泰连续三年稳定投入营业收入的4%左右用于研发，始终坚持自主创新，致力于用专业品质领跑，布局渠道新产品。

布局全产业链

无论是央视春晚“出彩”，还是多领域的精彩呈现，获得多方青睐是对AET阿尔泰技术实力的最佳佐证。

技术领域的全产业链布局，为AET阿尔泰在产业链多个延伸领域掘金提供了强大的底气。

步入AET阿尔泰的元宇宙世界，一块巨幅LED荧幕上，正在播放一部经典电影。“这是全球第一块获得好莱坞DCI认证的10米2KLED电影屏，获得进军国际影院市场的资格。虽然体量目前会比较小，但将成为公司未来新的业绩增长点。”AET阿尔泰总经理赵春雷表示，这是公司多赛道布局的一个具体展现，将有多种多样的应用场景。

紧盯家庭影院市场的发展趋势，参与推动LED显示屏大规模下沉于民用，家庭影院是AET阿尔泰布局的应用场景之一。

2023年7月，在InfoCommChina2023大会第一天，AET阿尔泰正式发布旗下面向家庭场景的好莱坞DCI-P3电影级172寸LED曲面家庭影院产品。从产品性能上看，具有“172寸超大屏、曲面沉浸屏、4K超清/五代标准屏、DCI认证电影屏”四大特点。

“在消费升级的大背景下，这款产品将面向高端用户群体，创新消费场景，打造私人家庭影院。”赵春雷表示。

自2020年起，AET阿尔泰从技术成果转化、产品迭代升级、新兴应用布局、国内外市场战略、渠道开发拓展等企业发展全链出发，全面完善品牌生态，深度融入多个领域，以LED显示综合解决方案赋能千行百业高质量发展。

在前沿技术研发方面，2020年，AET阿尔泰与中国科学院郑有料院士团队共建AET企业院士工作站，由中国科学院郑有料院士领衔，研究MicroLED的关键技术与应用，加速新一代显示技术的布局。以AET企业院士工作站为主引擎，下设发光材料研究室、IC研究室、封装研究室、标准研究室，进行多个行业领先的项目研发工作，建立起从材料、驱动、封装，到应用端的完整产业链支撑。

以AET阿尔泰超前布局的“氮化镓直接发红光项目”为例，通过氮化镓直接发红光，已经实现620波长6.5%外量子效率，未来有望达到20%外量子效率(EQE)，比现有砷化镓红光芯片效率更高，推动基于氮化物Micro-LED技术的新型显示产业发展。

同时，AET阿尔泰在北京、南京、武汉、成都、香港等国内重点城市设立分公司，销售网络遍及全国34个省级行政区的400多个城市。在全球90多个国家和地区建立起专业市场营销团队，进行全球化品牌营销服务。

2022年以来，AET阿尔泰积极布局发展“第二增长曲线”，全面深化国内市场布局和品牌出海战略，保持在传统优势领域的稳定增长，同时不断拓展产业边界，实现新兴产业的提前布局。

多方布局，业绩大增。公司2020、2021年营收稳定在5亿元，2022年营收为7亿元，2023年企业业绩持续向好。

截至目前，阿尔泰集Mini/MicroLED设计、研发、生产、销售及服务于一体，将核心芯片、光源、驱动IC和图像处理融合分享，带动以优质高效供应链、前沿核心技术和先进制造工艺为基础的超高清LED显示生态圈，是行业内少有的拥有LED显示全产业链支撑的企业。

记者观察：世界是“屏”的

一种新媒介形式的出现，可能引起的变化超乎想象。

50年前，麦克卢汉在《理解媒介》中提出：“一种新媒介的出现总是意味着人的能力获得一次新的延伸。”

20多年前，尼葛洛庞帝在他的《数字化生存》中描述了未来的生活方式：比特重建世界、媒介再革命、虚拟现实。

世界是“屏”的！无处不在的屏，重构了世界的媒介生态，移动互联和智能设备的飞速发展，正将前人的种种预言变为触手可及的现实。

正如电影《黑镜》所反映的未来社会，每一个手机、电脑屏幕后面链接的都是一个巨大的社会生态。

细微之处见真章。明代匠人在《核舟记》中记载在几厘米大小的核桃上，呈现出一个丰富多彩的世界。如今，AET阿尔泰正在“屏”的路上发力前行，要“创新引领未来视界”，其精微玄奥之处，精益求精的工匠精神必不可少。

“屏”后的世界则是人类工业制造的高峰对决。半导体材料、核心芯片、光源、高密度载板、驱动IC和图像处理相结合等每一个环节都不可或缺，每一个环节都至关重要。

如今，AET阿尔泰以LED显示综合解决方案实现传统公检法、指挥中心、安防监控、媒体演播、商业展示、会议会务、展览巡演、教育教学、体育赛事、商超综合体等各类显示应用覆盖，同时以LED电影屏、XR虚拟摄影棚、裸眼3D、沉浸式等新兴应用拓展版图，全面满足市场需求。

“屏”上之路仍然很长！AET阿尔泰在“屏”的世界里砥砺前行了7年之久，搭建起以前沿核心技术、优质高效供应链和先进制造工艺为支撑的超高清LED显示生态圈。

站在未来，布局现在。数字经济、元宇宙、5G+8K超高清等终端需求旺盛的驱动下，更多元的需求和更极致的呈现必将为LED显示行业拓展出更多可能性。同时，在LED黄金发展期的机遇面前，全产业链以及身处其中的每个企业都正在被重新塑造。

未来，AET阿尔泰将加速融合新兴科技，集成更多功能、衍生更多形态、植入更多场景，推动更多Mini/Micro LED显示科技成果落地，为中国LED显示名片响彻全球贡献自身力量。

CREATOR STORY

CREATOR
STORY
SONGSHAN LAKE

机器人与智能装备制造产业

CHAPTER THREE

创 想 者
松 山 湖

XBOTPARK

集智创新 聚势赋能

XbotPACK 机器人基地

【Xbot PACK，被誉为科技创业者的“梦工厂”，李泽湘教授和他的学生军团在此闯出了新路，实现了梦想。】

云鲸智能，创业7年已跻身机器人独角兽行列；逸动科技，自主研发电动船外机产品，市场占有率位居全国第一，全球第二；本末科技推出全球首款直驱型自平衡轮足机器……这样一群机器人创业军团都来自一个地方——XbotPACK机器人基地。这是一个在东莞市政府、松山湖高新区支持下，由李泽湘教授联合原香港科技大学工学院院长高秉强、长江商学院副院长甘洁等一众优秀创业导师联合发起，按照“政府资助、企业化运作”模式建设的孵化载体。

孵化传奇

XbotPACK机器人基地，被誉为勇于革新的硬科技创业者的“梦工厂”，许多年轻创业者的传奇故事从这里开始。

云鲸智能的诞生是一段创投佳话。当年走出校园后，自幼就是学霸、一路获奖无数的90后男生张峻彬向“创业教父”、香港科技大学教授李泽湘投递了简历，义无反顾地选择了来到东莞松山湖创业，创办了如今已家喻户晓的扫地机器人——云鲸智能。

成立初期，公司融资困难，李泽湘教授和几位老师自己掏钱投资了云鲸智能。而张峻彬也不负厚望，他和团队用了3年时间打磨产品，最终凭借一款智能扫拖一体机器人一炮而红。2020年，哔哩哔哩(以下简称“B站”)CHINAZ100颁奖晚会放出榜单，云鲸成为最受年轻人喜爱的100个产品之一，并最终荣登百大产品Top25榜单。2021年第一季度扫地机器人线上畅销品牌市场占有率，云鲸“小白鲸”排名第二。2022年8月，云鲸智能发生工商变更，新增股东广西腾讯创业投资有限公司。

这家成立7年的创业公司，已经跻身机器人独角兽行列，身后不乏红杉中国、源码资本、高瓴创投、字节跳动等知名投资方。

开拓了“扫拖一体机”品类的云鲸智能，专注于船用电力驱动系统的逸动科技，重新定义了“电商仓储物流机器人”的海柔创新、日本智能家居产品线上第1名的卧安科技等，它们都来自同一个地方——XbotPACK机器人基地。基地由李泽湘教授在2014年领衔发起，已培育孵化了超过60家硬科技公司，其中不乏被大众所熟知的企业。

世界各地的自动化进程正在加速，越来越多的人力被机器释放。而融合了人工智能、大数据、机器人等技术的智能机器人被认为是继计算机、互联网、移动互联网之后，第四个巨大的创业机会，不仅将被应用在工业、农业，还将覆盖人们生活中各个方面的需求。

在国际上，每万名产业工人的工业机器人拥有量是评价制造业水平的重要标准之一，国内机器人密度全球排名第23位，仍有很大空间。但由于工业机器人的三大核心零部件占到机器人成本的70%以上，长期在核心零部件发展上滞后，对中国工业机器人产业的发展形成掣肘。

正是看到了这样的产业机会，拥有多年海外经验的李泽湘教授邀约原香港科技大学工学院院长高秉强教授，长江商学院副院长甘洁教授于2014年在东莞松山湖联合成立了XbotPACK机器人基地。

依托珠三角区域在过去20年高度活跃而形成的完整制造产业体系，基地通过联结香港，内地及全球的高校、研究所、企业、上下游供应链等资源，将大学的教育和研究与制造业实际需求结合起来。基地充分理解创业者的需求，并为创业者提供从探索期、种子期到天使期等全方位资金支持。基地专注机器人及相关行业的创业孵化，重点关注机器人核心零部件、机器人系统以及机器人行业应用。

2014年，基地成立。2015年，第一家创业团队“云鲸智能”入驻XbotPACK。2016年，与高校合作，创办粤港机器人学院，培养多学科交叉、跨专业融合的复合型创新创业人才。2019年，获评“全国创业孵化示范基地”和“国家级科技企业孵化器”。2021年，获评“松山湖20年突出贡献企事业单位”。

硬科技创业者的“梦工厂”

在XbotPACK，逸动科技的故事也常常被提及。时光回溯到2012年，彼时在香港科技大学读研究生的潘宗良，与同学共同动手研发了逸动科技的第一款产品——电动船外机的原型机。2014年，为了破解科研成果从实验室走向产业化的难题，在恩师李泽湘的建议下，潘宗良与团队来到了东莞松山湖。考虑到产品特性，松山湖管委会特意在湖边修建了一个小码头，方便他们做户外实验。

逸动科技第一款自主研发的电动船外机产品NAVY6.0于2013年在荷兰正式发布，第一款小型推进器产品VAQUITA于2016年11月发布。目前已经成为海外水上运动爱好者的首选品牌。2023年5月29日，2023中关村论坛展示中心展区内，逸动科技现场展出了Spirit系列电动船外机。作为逸动科技丰富水上产品矩阵中的一员，电动船外机市场占有率位居全国第一，全球第二。

而提起创业初期那段最难的时光时，潘宗良说：“研发核心元件是一件非常需要潜心钻研的事，相关的所有理论只有两本书，但我们需要吃透，并且做大量的实验和测试。松山湖在关键时刻给了我们一个远离城市的自然环境，又提供了足够大的实验室，让我们可以专注于突破技术难关。”

2016年，时任大疆创新高管的魏基栋从大疆离职，他选择了创办松灵机器人。经历了最初的产品失败，到调整业务方向，再到重新打磨产品，最后走向市场，松灵机器人终于从一个想法蜕变为一个受到市场检验的成熟产品。如今，松灵机器人品系列包括：机器人停车(PACKnel系列)、物流搬运、定制设计。配合松灵机器人自主研发的各类动力模组，PACKnel能够轻松地实现平移、自旋及组合动作，具有更强的机动性和效率，适合在复杂地形及空间有限的环境中使用。截至目前，松灵机器人团队人数已达100人，产品率先实现了全球布局，其中，移动底盘销量位居全国首

XBOTPARK

位，并每年都保持增长。

和张峻彬、潘宗良、魏基栋一样，在东莞松山湖实现自己创业梦想的创业者不在少数，李群自动化、逸动科技、海柔创新等一批机器人领域的“后起之秀”都来自东莞松山湖。从云鲸智能像人一样会“思考”的J3扫拖机器人受市场热捧，到本末科技推出全球首款直驱型自平衡轮足机器人……时至今日，从XbotPACK机器人基地走出了超过60家硬科技公司，被孵团队存活率高达80%以上，头部公司估值累计已达800亿元。

“学院派创业公司群体”

从早期于香港执教，到在深圳孵化出大疆创新，如今又成为XbotPACK机器人基地的创始人……近20年来，李泽湘与香港科技大学师生组成了一个引人瞩目的“学院派创业公司群体”，他们活跃在粤港澳大湾区，并借助大湾区强大的制造业产业链基础，孵化出大疆等一批科技创新公司。在李泽湘眼中，香港有很好的高等院校，深圳有良好的创业氛围和创投资本，东莞拥有雄厚的制造业基础。这三者结合就能为创业团队提供既能够快速迭代又具备成本优势的创业土壤。

基地创立初期，李泽湘教授几乎每天往返于香港和东莞，帮助聚集在粤港澳大湾区的年轻团队创业。在XbotPACK机器人基地里，从办公室到电梯的短短几步路中，就有年轻的创业者拦住李泽湘，把他拉到会议室里讨论近30分钟，李泽湘从会议室出来后又步履匆匆地赶往下一个工作地点。在李泽湘看来，这里的年轻人们打造一个新的科技产品，迭代速度可能比硅谷、欧洲要快5到10倍，而成本却大概只需要它们的五分之一到四分之一——这就是粤港澳大湾区巨大的优势。

李泽湘把自己在香港科技大学创办的“3126”实验室，从香港带到了东莞松山湖，并成功孵化了一批机器人领域的创新企业。截至目前，基地成功孵化科技企业有60多家，其存活率高达80%左右，累计总产值超过800亿美金。

为何能达到如此惊人的孵化率、存活率？李泽湘在CCTV财经《对话》节目李泽湘专场《打造科创梦工厂》上曾回应，首先是系统的创业教育，让学生少走弯路少踩坑；其次，在松山湖创立的XbotPACK机器人基地经过多年深耕，提供了硬科技创业至关重要的供应链优势。同时，多年培育和孵化中走出来无数的企业和创业者，他带领基地团队不断总结，把这些经验体系化地传递给后面的创业者。在这个传承式的“创业大家庭”生态中，创业者等同于获得了一整个生态系统的保护与支持。

如今，在松山湖国际机器人研究院、广东省智能机器人研究院两大机器人学院赋能加持下，在松山湖孵化而成的炫酷机器人种类和数量与日俱增，这些“机器人军团”正从这里强势崛起，并在孵化器市场“独领风骚”。

基金“活水”与机器人军团崛起

科创产业要做大做强，需要基金“活水”。从2020年以来，一度冷却了两年的机器人产业投融资赛道再次掀起一波新的资本浪潮。2021年以来，中国机器人赛道融资数量超90起，总融资金额约百亿元；融资金额亿元以上的约30笔。红杉中国、IDG资本、高瓴资本、软银愿景等数十家知名VC/PE机构，以及字节跳动、美团等互联网巨头都将触角延伸至机器人赛道。2021年3月，逸动科技宣布完成亿级B轮融资；同月，海柔创新完成亿元人民币的B+轮融资，五源资本、源码资本、华登国际入局；5月，本末科技宣布完成PreA轮数千万级别融资，五源资本领投，老股东奇绩创坛、大米创投参与；7月，松灵机器人完成了亿元级A轮融资，红杉中国、五源资本、祥峰投资中国和HKX等创投机构现身其中。

在这一众知名基金投资的背后，少不了一家孵化基金的铺垫，这就是和XbotPACK机器人基地一起设立的，专注于机器人及智能硬件相关领域投资的创业孵化基金——清水湾基金。

2015年，即XbotPACK机器人基地设立的次年，李泽湘成立了相关配套孵化基金——清水湾基金。

2022年8月，清水湾二期基金成立，出资人包括领先的市场化私募股权投资基金和大型科技企业，基金执行事务合伙人为珠海粤湾华盛基金管理有限公司。

依托XbotPACK机器人基地，清水湾基金专注于机器人及智能硬件相关领域投资，重点布局工业4.0、交通/物流、智能家居、消费类硬件等方向，投资阶段以种子轮、天使轮为主。基金背后的LP包含红杉中国、高瓴等知名VC/PE机构。目前，清水湾基金已是云鲸智能、海柔创新、松灵机器人、逸动科技等诸多知名机器人公司背后的重要持股机构。

眼下，一个“机器人军团”正在东莞松山湖强势崛起!

从即将IPO的李群自动化，到半年完成3轮融资的海柔创新，再到估值半年涨15倍的云鲸智能，一批机器人“独角兽”企业已从XbotPACK机器人基地的实验室走向市场，并在竞争中脱颖而出。

东莞松山湖的机器人企业形成了孵化期、成长期和成熟期三个企业梯队。此外，还有18家省级新型研发机构，源源不断地输出研发成果。一个个市场主体持续创新、韧性渐显，推动松山湖智能装备产业迈向中高端。从生产到生活，松山湖正以智能制造为驱动力向产业链各端点持续发力，云鲸、优利德科技、李群自动化等智能制造企业在自主创新道路上百尺竿头，更进一步，政企合力为制造业高质量发展插上腾飞的翅膀。

目前，松山湖已扎堆聚集超400家机器人公司，智能装备产业广泛覆盖高端装备制造、服务业机器人、机器人本体制造及研发设计、系统集成等领域，形成了以机器人系统集成商、核心零部件企业和智能装备企业为主的机器人产业集群，成为大湾区机器人产业版图上显赫的新势力。

而毗邻的粤港澳大湾区也正在演化为智能制造业的梦工厂，这种世界上独特硬件生态平台模式一手聚集着生态资源、合作伙伴和供应链资源，另一手将聚集着教育资源，源源不断提供人才。随着新生代企业家们的崛起，我们将看到更多像云鲸一样的中国智造闪耀全球。

记者观察：打造机器人“梦工厂”

当前，新一轮科技革命和产业变革加速演进，人工智能、5G、新能源、新材料等与机器人技术深度融合，机器人产业正在迎来升级换代、跨越发展的窗口期。快速增长的市场背后，是许多头部企业开始入局或加大投入机器人赛道的动作。

存活率高达80%的XbotPACK背后有什么样的产业逻辑？

2023在9月23日，在东莞举行的2023中国实体经济发展大会上，XbotPACK机器人基地投资总经理段誉表示，小公司成长为大型企业，是一个周期的问题，相信在5年之后，大家能够看到新一波中国新兴技术企业。截至目前XbotPACK机器人基地已累计孵化超过60家创业公司，存活率为80%。他分享了三个经验：

第一个是从产业里去发现问题，从市场中挖掘需求，而不是从技术出发，拿着锤头去找钉子。

第二个是关注中试和量产环节，中试和量产其实是复杂的过程，其中既包括了快速的打样，这是大湾区的优势，还有各个产业的一些检测和认证，还包括批量生产的过程中，从几十台、几百台、几千台到更多台的品质控制。

第三个是需要诞生更多创新型人才。过去2年，基地走访了国内诸多大学的实验室，"在这些人身上我们看到了既懂技术，又有很强的动手能力、组织能力，并且愿意睡在实验室里去解决问题的这些年轻人。"所有的事都是由人创造的，尤其是创新创业的企业。XbotPACK跟重庆大学共同创办了新工科教改班——明月班，跟广州美术学院合作成立达·芬奇创新实验班，跟宁波工程学院合作共建机器人学院，跟深圳职业技术学院一起建设未来技术学院，XbotPACK正逐步搭建从大一的本科生一直到研究生的科创人才培养体系。要让创业者和未来的企业家发挥企业家精神，需要源源不断的人才诞生，这也是后续提供源源不断的动力的一个点。

随着新一轮科技革命和产业变革深入发展，机器人产业已经进入技术创新密集活跃、应用深度拓展的发展机遇期。各类创新主体的稳步发展，创新链条的完善，正推动机器人产业向高端化升级。随着人工智能突飞猛进的发展，作为人工智能通用载体的机器人，将在不远的未来实现对人类脑力、体力生产活动效率的飞跃性提升。在XbotPACK机器人基地这样一个机器人"梦工厂"，正以集智创新、聚合优势赋能产业高质量发展，创造一个机器人产业的新梦想。

直接驱动世界

本末科技

【被黄帝斩头后，以乳为目，以肚脐为口，操干戚以舞的战神刑天。今天，这个《山海经》里的人物已经成为一个在业界名声大噪的“远古外星人”的机器人。】

2022年5月，机器人领域国际盛会ICRA 2022在美国费城举行。在ICRA 2022现场，与波士顿动力、ETH、宇树等产品同台跳舞展示的，有一个来自中国的轮足机器人——刑天。这个足部装有动力轮子的双轮足自平衡机器人着实吸足了参观者的眼球，它正是来自松山湖的本末科技，是直驱电机领域的领头羊企业。

战神“刑天机器人”，惊艳开场

被黄帝斩头后，以乳为目，以肚脐为口，操干戚以舞的战神刑天，今天，这个《山海经》里的人物已经成为一个在业界名声大噪的“远古外星人”的机器人。

2020年，本末科技研发并发布了首款搭配直驱电机的双轮足机器人——刑天，并将其打造成为国内首个轮足机器人开发平台，开启了机器人（直驱）关节形态领域的新时代。刑天机器人全身由6个自研自产的M15系列直驱型机器人关节驱动。与传统减速器方案相比，优势在于动力更足、动作更“丝滑”、节电高效，并且在运行过程中可以做到极致安静。

如果说电机是小脑，那刑天机器人就相当于是小脑配上了强壮的肢体。在地面上，刑天机器人能屈能伸、能走能跳，可呈现站立、匍匐、半蹲状态。即使在复杂路面条件下，也能保持平稳滑行。同时，它还可以跳舞、旋转、左右摇摆等，行动起来非常灵活。刑天机器人还是一个二次开发平台，合作伙伴和客户可根据需求给机器人开发新的功能。从工业环境的地形勘探、巡检、信息采集等，到个人场景的取快递、陪跑步、遛狗等，从用户的创造力可以看出“刑天机器人”的潜力。

2022年11月，央视“时代风尚”中国文艺志愿者致敬大国重器特别节目，在中央、省、市、县四级1600多家媒体联动播出。本末科技作为东莞科技企业的代表之一，在节目中以艺术的形式，向全国人民展示刑天机器人这个科技创新的前沿成果。在“时代风尚”文艺现场，10只灵动炫酷的轮足机器人与威武雄壮的舞狮群将科技与艺术结合，为整场演出拉开序幕。旋转、跳跃，刑天以整齐划一的动作，将舞狮这种历史文化继承并完美地呈现出来。这是刑天机器人与传统艺术的首次碰撞，也是一次全新的尝试。

B站知名科技UP主“稚晖君”评价说：“比我想象的还要酷一些，一直以为这个是4自由度的、没想到其实有6自由度，而且最让我惊艳的是电机的噪声控制几乎完美，运行过程安静得让人以为没有开机。”

TITA 亮相，震撼加倍

2023年5月29日，在伦敦举办的ICRA 2023 (2023 International Conference on Robotics and Automation)上，本末科技又隆重发布了一款令人惊叹的全新产品：TITA机器人。

TITA机器人是一款具备高度感知力和决策力的轮足机器人，全身拥有8个自由度，具备出色的抗摔性能、强大的自我恢复能力、即时响应能力，以适应各种复杂地形下的高效运动。另外TITA机器人内置多个相机与传感器等，具备拟人感知力和自主决策能力，可完成复杂路面的自主导航、自动越障与绕障、空间定位、深度测量、视觉感知等，并搭建完整通信系统，可完成集群协作。

TITA顶部配备通用导轨，使配件可以快速模块化拆装，叠加内置扬声器，以满足个性化场景需求。同时支持各种模式下的二次开发，可以通过RPC或机载编程完成任意级别操作，包含行为级和关节级操作，为用户提供了更大的自由度。

在电源方面，TITA机器人采用热插拔电池系统，满足运动机能及无限续航，充分保障用户的不间断使用。

直驱未来，走进千家万户

造出“刑天”机器人的本末科技成立于香港，坐落在东莞松山湖，其创始人兼CEO张笛深造于香港科技大学，师从李泽湘教授，专注于机器人动力系统与控制方向，参与并领导多项香港特别行政区政府ITF项目，独立设计一款微纳卫星姿态控制器，并交付某航天公司。曾获全国大学生智能车竞赛一等奖，全国大学生电子设计竞赛一等奖，国际数学建模竞赛一等奖，Robocon大赛二等奖等国内外各类机器人相关奖项若干，获得专利十余项。自本末科技成立至今，带领团队完成180余项专利申请。

目前，本末科技已发展到了180余人，在机器人（直驱）关节形态领域开创了自己的时代，并于2022年下半年获得了近亿元的A轮融资。2023年9月，本末科技又宣布完成数千万元A+轮融资，由立湾资本领投，建元投资跟投。

本末科技的创业团队，是要去做不简单不内卷的事情。在传统机器人中，“减速器”是不可或缺的存在，也是“卡脖子”的核心零部件。而“直驱技术”就是帮助机器人公司拆掉减速器，让机器人的成本和噪声都降下来，把性能和效率提高。这在外界看来是件颇有难度的事情，但张笛却认为这是一个非常好的创业方向，也更加符合他对于“创新”的理解。

经过本末科技长期的研发投入和技术沉淀，目前，本末科技已和多家头部上市企业达成合作，为其提供从需求定制、方案设计、测试维护的全套解决方案。据统计，本末科技机器人产品也已出口至欧盟、北美、中东等全球50多个国家和地区。

如今，终端机器人产品正在向家用化、轻型化发展，B端的下游厂商们也需要更多丰富轻便的直驱电机产品可供选择。本末科技已经拥有从传感器、驱动器到电机本体的全套设计生产技术，公司已经推出的多系列直驱电机产品，主要服务于家用机器人、工商用机器人及健身行业等多个领域。未来，本末科技也将持续横向拓展行业应用，提升力矩密度比和降低成本以进一步提高直驱技术商业化水平，赋能更多产品走进千家万户，未来希望直接驱动世界。

2022
欣欣向荣

2020
茁壮成长

Direct Drive The Worl
直接驱动世界

2023
稳步向前

Let's TITA

Direct Drive Tech

Iron Motor

2021
崭露头角

记者观察：创业的路径选择

初中数学的线段公理告诉我们：两点之间线段最短。这个线路虽然看起来迂回了一些，但比起简单粗暴却有太多不可控的直线路径，这种迂回线路的阻力更小、成功率更高。所以在解决生活中的问题时，我们应该记住：两点之间，不一定选择直线，也可以是阻力最小、控制点最少的线。阻力小，跑得快，控制点少，意外少。

这是一个看起来和“直驱”最不接近又最接近的哲学回答。

本末科技是一家提供机器人核心部件以及轮足式机器人解决方案的公司，核心的业务是在直驱细分方向上服务了非常多的机器人品类和创新品类的客户，本末科技作为一家核心部件提供商，最擅长的是用直接驱动的方式为整个机器人行业赋能。

张笛认为：行业应该出现更简单、更直接、更高效的机器人模组，这个世界应该变得更简单，行业应该变得更好。

本末科技的直驱型精准动力方案，能够帮助国内机器人产业链摆脱减速器依赖，同时达到更高的驱动效率。而直驱技术是将电机与被驱动工件直接连接，省略了减速机、丝杆等中间环节，减少了动力损耗，节省了后期的产品维护成本，具备广阔的应用前景。

此前，机器人的减速器组件仍主要依赖进口，自主化进程推进缓慢。因此，国内机器人产业的发展一定程度上受限于此，而直驱则直接去掉了减速器，可以说摆脱了“卡脖子”技术的影响。

可以预见的未来，机器人会像手机一样普及于更多家庭和个人，从家用机器人到个人的机器人助手，应用场景增加会带来机器人销量增长，而在轻量化的需求基调下，直驱动力方案的市场份额也将迎来进一步提升。

广东省智能机器人研究院

松山湖
国际创新创业社区

VR 时代外科手术和医学教育的革新

妙智科技

【一个城市很难满足创业者的所有需求，而整个粤港澳大湾区可以做到，尤其是莞深港科技创新协同发展，为妙智科技发展提供了难得的机遇。于是，松山湖成了企业创业的最佳选择。】

代替医生，机器人给患者做手术？这种未来世界的场景正在加速到来。

2020年初落地松山湖的妙智科技（东莞）有限公司（下称“妙智科技”）在手术机器人、VR手术导航、VR术前规划、全息医学教育等多个和手术相关领域加速推进，让未来场景加速实现。

生命安全无小事。“用最严谨的态度、最先进的技术，建立标准化数字外科治疗平台；从诊断、术前方案、术中引导、手术机器人到术后随访，让每位患者得到标准化治疗。”妙智科技创始人谢智衡表示，这是企业自2015年成立以来，始终坚持的宗旨。

落地松山湖背后的故事

2015那一年，拥有香港中文大学物理系博士、奥克兰大学生物工程博士学位，已有6年磁共振机器研发及管理经验的谢智衡，在香港创办妙智科技。

2018年，妙智科技开始瞄准骨科手术定向开展研发，就当时的机器人制造而言，所涉及的包括外壳、支架等很多硬件供应链都在东莞。

要在产品硬件配套生产缺乏的香港制造一台原型机，光是在寻找供应链、运输配件回香港组装的时间、运输成本上的花费就巨大。

经过多地调研比对，谢智衡及其团队一致认为东莞在大湾区中拥有十分完备的轻工业供应链，就电子类和医疗器械制造而言，其柔性度与反应速度能够很好地与项目适配。谢智衡和团队萌生在东莞建设可以与软件研发相辅相成的硬件研发基地的想法。

2019年，偶然的机会，谢智衡从网上了解到东莞出台多项推动港澳青年交流合作、创新创业的政策以后，带着项目到东莞松山湖，参加“松湖杯”创新创业大赛，获得总决赛特等奖。

这成为妙智科技落子松山湖的开始。2020年初，经过反复考察和深思熟虑，谢智衡决定在松山湖成立妙智科技（东莞）有限公司，定位为研发创新驱动的高新技术企业，业务和研发团队横跨医疗、人工智能、电子工程、物理等多个领域。

“一才一册”通过聘请第三方机构，为其提供从企业项目选址、政策解读申报、科技成果转化，到精品样板车间打样、业务对接、人员招聘等全方位的服务，松山湖的一系列举措为妙智科技落地松山湖打通了“最初一公里”，助推其迈上发展的“快车道”。

2021年，妙智科技获得东莞市松山湖天使投资基金1000万元融资额度，公司办公场地也从100多平方米的写字楼搬迁至松山湖国际创新创业社区近800平方米的研发及生产、实验及培训基地。

在各方努力下，妙智公司凭借自身科研团队在人工智能、医疗影像、计算机、物理、虚拟现实等方面的技术积累，打造了全新智能外科手术引导平台和全息医学教育平台，先后拥有了手术机器人、VR手术导航、VR术前规划、全息医学教育、云端影像数据库等多款产品，并拥有数个医疗器械注册证和欧盟（CE）注册证。

短短2年时间，妙智科技成长为有竞争优势、成长性好，具有关键核心技术的优势企业，接下来，妙智科技计划在脊柱机器人、关节和创伤机器人技术上实现更大的突破。截至2022年底，妙智科技已经完成了近50例临床病例，2023年已完成取证并开始售卖。

外科医疗的数字化和智能化

妙智科技致力于推动外科医疗的数字化和智能化，通过AI多模态融合和VR医学图像渲染引擎，将传统医疗影像进行虚拟现实（VR）可视化。

目前，妙智科技已实现在VR场景帮助医生进行术前规划，10秒钟内完成MR及

CT影像自动配准、人工智能分割，并能在手术过程中实现毫米级实时手术器械定位配准，引导医生操作。手术机器人还能够按照规划好的路径进行穿刺、置钉及截骨等操作，辅助医生完成手术。

为帮助医生更加准确地诊断患者病情，妙智科技研发的mVR虚拟现实手术规划系统能够根据病人病变部位扫描的横断面图像，进行冠状位、矢状位的二维重建与三维重建，多角度、直观观察病情，使病情的诊断更加准确。

除了医疗一线，妙智科技所打造的虚拟现实解剖+医学临床辅助及教育综合平台“mAnatomy虚拟现实医学解剖教学系统”，能通过AR/VR技术在立体显示设备上显示模型效果，用户可以对人体标准三维模型进行旋转、缩放、移动等操作，直观方便地观察人体构造，使教师教学更方便，学生兴趣更浓烈，提高教学质量。目前，妙智的产品已投入多家医院及研究机构使用。

2023年截止，妙智科技在骨科手术机器人方面的研究已经基本完成，接下来，妙智科技将继续在全骨机器人方向上发力，预计在2025年能够实现国内外装机不低于200台多模块骨科机器人。

大湾区的手术机器人

在香港数码港创立企业，在深圳和东莞发展壮大，作为一个大湾区港深莞“三地人”，在三地的经历让他感受颇深，科技创新协同，一个城市很难满足所有的需求，但是一个区域可以。妙智科技的手术机器人的界面和算法在香港完成，软件的产业化在深圳落地，东莞提供所有硬件设施，广州帮助整体医疗器械的临床测试和注册，珠海提供各种展会展示及专家交流平台。大湾区有着相对成熟的上下游供应链，企业基本上实现了80%的自主研发生产，进而带动产品成本降低，这也让更多做有骨科手术业务的医院均能购买。

谢智衡认为，公司的快速发展，得益于大湾区具有较为完整的上下游产业链，对接速度非常快，为公司发展提供了重要土壤。地处大湾区的区域优势结合企业团

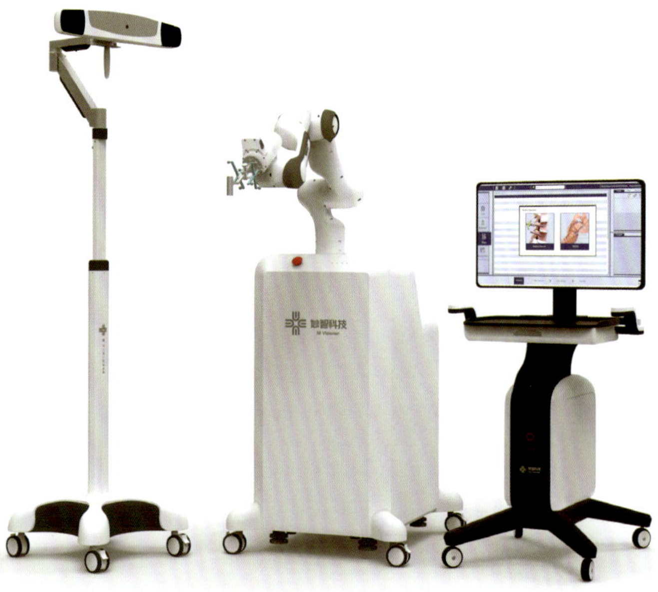

队实力，让妙智科技成功找到自己的定位。国外进口的手术机器人价格可能在1000万到3000万的区间，妙智科技在参数更优的情况下，价格只需要别人的四分之一。

截至目前，妙智产品拥有数个医疗器械注册证和欧盟（CE）注册证。妙智科技的手术规划系统已经在全国60多家医院中得到使用。此外，妙智科技与广州南方医院联合开发的手术机器人系统，在不到一年时间里已更新三代，比世界其他同水平产品研发进程快了近1倍，该产品目前进入临床试验阶段。正在研发的手术机器人具备国内外领先的力反馈和自动穿刺系统，能在亚毫米精度的自动完成软组织穿刺介入。

如今，妙智科技即将完成手术机器人的临床试验。未来三年，企业希望将手术机器人的适用范围扩大到满足骨科大部分适用症，包括髋关节、膝关节及脊柱三大块，往通用型骨科手术机器人的方向发展，同时加速推进企业资本化。

记者观察：根植大湾区科创沃土的“妙手智芯”

为何落地东莞松山湖发展？

“因为这里的科技创新氛围日益浓厚”“因为这里在东莞，产业链完备”“因为这里有华为等龙头企业”……妙智科技在松山湖的快速发展，既有机缘巧合的因素，更多则是过往多年东莞的产业集聚效应，以及松山湖科学城全过程、全链条、全要素创新生态体系的加速完善。

妙智科技落地的松山湖国际创新创业社区正是松山湖创新型企业最为集聚之地，其所在的机器人领域也是松山湖重点发展的战略性新兴产业之一。

妙智科技的落地看似偶然，实则必然，其所呈现的快速成长态势也佐证了在松山湖发展的正确性。

当前，妙智科技的VR手术规划系统、医学教育产品均已投入到多家医院及研究机构使用。通过AR/VR技术，妙智科技的虚拟现实医学解剖教学系统在立体显示设备上显示模型效果，用户可以对人体标准三维模型进行旋转、缩放、移动等操作，直观方便地观察人体构造，使教师教学更方便，学生兴趣更浓烈，提高教学质量。

在当前手术机器人已然成为追逐的热点情况下，依托团队的技术实力，妙智科技的成长性值得期待。而东莞松山湖和大湾区带来的完备的制造业链条和创新氛围，如阳光、雨露，成为其快速发展的最强大底气。

同时，在大湾区的时代劲风下，妙智科技也必将加速融入大湾区的科创洪流中，成长为机器人领域的领军企业。

DBA

东博智能

PACK 芯未来

东博智能装备

【配角是戏剧、电影等艺术表演中的次要角色。正如电池是手机的配角，但在智能手机发展的进程中，电池却起着至关重要的作用。东博智能瞄准这一赛道，闯出了一条路。】

在5G带动下，智能手机创新节奏加快，其中交付能力和工艺创新已成为锂电设备企业面临的两大重点挑战。为满足市场需求，锂电池组装生产PACK线设备成了关键的生产环节。作为国内锂电池PACK智能制造装备的领先企业，广东东博智能装备股份有限公司（下称“东博智能”）于2023年11月8日迎来新一轮增资扩产——东博智能装备总部厂区项目正式奠基，建成后主要从事锂电池及半导体相关智能制造装备的研发、生产及销售。

电池与手机的赛跑

相比智能手机的迅猛发展，手机电池的发展相对缓慢，但回顾手机电池的发展史，会发现这一领域依旧充满了无限的可能和潜力。

1973 年，摩托罗拉研发了第一部移动手机电话——DynaTAC 8000X，电话旁边是一长条的电池，这款手机用的是6节圆柱形的镍镉电池，通话30分钟，充电却要 10 小时。

后来诺基亚抛弃这种圆柱形的镍镉电池，自己定制小块的镍镉电池，让大哥大电话体积直接缩小了一大半。但这种镍镉电池每次都得充满电，再把电量耗尽，这样循环的充电放电才行，否则电池容量下降，电池不耐用。

经过科学家们20年的积淀，手机电池也更新换代到了镍氢电池。相比之下镍氢电池不仅可以做到更轻薄，而且能量密度也大，记忆效应影响已经大大减小。

不过镍氢电池的巨大进步，依旧无法改变电池容易发热、变形的缺点。

又过了一段时间，锂离子电池在索尼多年研发下率先投入商业使用，到20世纪

90 年代末，锂离子电池的材料与制造技术突然革新，锂离子电池更轻薄，而且能量密度还更高，解决了烦人的“电池记忆效应”，成本也大幅下降。所以很多手机厂商也都纷纷采用锂离子电池，加入了这场“锂离子电池热潮”。从此，手机开始进入锂电时代。

在苹果iPhone发布后，手机爆炸式的发展，大步跨入了智能机时代，此时大家对手机续航更长、充电时间更短的追求迫在眉睫。苹果在iPhone手机上引领起“电池不可拆卸”的热潮。在锂离子电池的基础下，经过“神优化”的锂离子聚合物电池出现了。

如今，智能机仍在快速发展，手机厂商在锂离子聚合物电池的基础上，加速进行自己的一些创新与改良。

发力手机电池产业供应链

锂电池作为一种高效、环保的能源储存方式，广泛应用于电动汽车、电动工具、无人机、智能家居等领域，锂电池PACK生产线的重要性也越来越凸显。

东博智能的发展和中国手机产业尤其是手机电池产业供应链的发展完美同步。早在2012年，东博智能就成功开发出新一代手机电池贴标机，一台贴标机可以顶5—6名熟练工人。凭借着远超人工的速度和精确度等优势很快就赢得了客户的认可，也改变了过去成千上万一线手机电池贴标操作工的工作方式，为手机电池行业带来革新。

东博智能研发的新一代贴标机的第二个客户是当时国内手机电池PACK的龙头企业，东博智能创始人黄晓河敏锐地嗅到了新机遇，由此赶上了手机电池从铝壳封装主导的市场，转向聚合物软包封装市场的过渡阶段。

手机电池贴标机给东博智能在智能制造领域找到了新的突破口。根据客户工艺需求，东博智能从贴标机开始延伸，从上料、裁切、贴胶、测试等工序，研制了第一条PACK封装整线。由于设备供应商的特殊性，东博智能对电池PACK工艺的认识比大多数中小规模的PACK厂还要深刻，也让东博智能在与客户合作的过程中，对其工艺路线等技术问题有更多话语权，这为公司后续的发展打下良好基础。

随着智能终端不断升级更新，对轻薄化、高容量的锂电池需求不断增加，与此同时，随着技术进步，消费电子市场并不缺乏增长迅猛的产品。自2020年以来，包括电动工具、电动轻型车、TWS蓝牙耳机、电子烟、智能穿戴设备、5G基站储能等细分市场释放出庞大的锂电池市场需求，给众多锂电池企业提供了良好的发展机会。

2022年6月，由东博与广东省智能机器人研究院等单位联合完成的“便携式锂电池封装线关键技术及其应用”项目，经广东省机械工程学会科技成果鉴定，该项目整体技术居于国际先进水平，其中非滚平耳翼贴胶和高兼容真空载具技术属于行业首创。

从手机贴标机领域起步，如今的东博智能已成为国内锂电池PACK智能制造装备的领先企业，成为NVT、ATL、欣旺达等全球主要3C电池企业的设备供应商，拥有员工超过500人，是具有自主研发中心的高技术企业，并先后获得了国家专精特新“小巨人”、广东省专精特新中小企业和东莞上市后备企业等荣誉和称号。

东博智能已经发展到手机聚合物锂电池PACK全自动产线设备、新能源动力电池PACK全自动产线装备、电池电芯自动化生产装备三个领域产品线及其自动化解决方案，其行业客户包括ATL、比亚迪、LG化学、欣旺达、德赛等行业龙头企业。

作为东莞松山湖培育的高成长企业，东博智能同时凭借持续的技术创新能力，进入了芯片检测和动力电池设备领域，其研发的芯片测试机成为国内首台独立可控温自动测试设备，并与国内的头部手机厂商完成交付。

记者观察：做好“配套文章”，深耕“配角经济”

配角是戏剧、电影等艺术表演中的次要角色，是做辅助或次要工作的人。正如电池是手机的配角，但在智能手机发展的进程中，电池却起着至关重要的作用。

小标签走出来的智能化，是东博智能在新能源赛道上走出的一条路。

“小切口、大赛道、长周期”是在产业革新时代的路径优选。

在发展过程中，随着市场需求变化，发现一个新变化、新赛道，这就是机会和动能，如果能在这个大赛道里把解决需求和痛点的小切口做精、做专，将带来意想不到的市场和用户。

全产业链配套升级和打造，在产业向前新征程上寻找新动能，正是每一个企业的突围之道。

动力电池和消费电池领域双向驱动的发展模式，也正成为东莞抢占全球锂电池市场的重要抓手。广东东博智能装备股份有限公司经过多年的发展和积累，已经成为国内锂电池PACK智能制造装备的领先企业，其中便携式锂电池封装线关键技术及其应用项目整体技术居于国际先进水平。

随着全球对环保和可持续发展的日益关注，新能源动力电池行业也迎来了飞速发展。作为新能源车辆的核心部件，动力电池的技术水平和市场状况对整个行业的发展至关重要。这也意味着优质高端锂电设备供应商将越来越受到行业追捧，包括东博智在内的有实力装备企业将迎来新的战略机遇。

为适应产能扩大的需要，东博智能正在松山湖园区建设新产业项目，项目将用作研发生产新能源、储能相关智能装备及其解决方案，推动储能技术创新。凭借着在消费电子电池设备市场取得的突破，东博智能正在动力电池设备赛道上发力，冲刺快跑。

DBA

国内市场营销服务网
Chinese Sales & Marketing Network
国际市场营销服务网
International Sales & Marketing Network
核心
垂直领域
Core Vertical
Fields
电力高压
储能
轨道交通
机电设备
工程测绘
石油化工
光伏
计量检测
安全检查
汽车电子
新能源电池制造
消费电子
射频微波
冷暖通HVAC

测出新未来

优利德科技

【“勇立潮头、奔竞不息”的攀登精神，深耕本业的专注，和家国情怀是优利德多年来持续进阶的企业精神。】

优利德科技（中国）股份有限公司董事长、总经理洪少俊有很多标签，80后、“企二代”，登山爱好者。他认为，攀登高山的坚持，带来精神状态和工作效率的提升，让他更加理解生命的意义。

从2017年开始户外爬山运动，也是在2017年从父辈手中接过优利德科技的“接力棒”。这家在中国仪器仪表领域深耕30多年的老牌企业，也在新一代掌门人洪少俊手中，持续攀登仪器仪表领域的“金字塔”。

传承优利德人“勇立潮头、奔竞不息”的攀登精神，持续投入科研，锻造公司科研的竞争“护城河”，全面启动IT信息化管理体系建设，加快全球化布点……高峰之上，再登高峰，是企二代共同的使命担当，也是攀登者的生命信仰。

传承和创新

1988年，优利德前身骏溢电子厂成立，1993 年组建俊雄实业，1997年优利德“UNI-T”品牌正式建立，1998年优利德开始走向全球，这一阶段优利德完成了初期的产品、技术和资金积累。2003 年至2020年间，优利德着重多元化产品矩阵的布局，先后发布电了电工测试仪表、电力与新能源测试仪表、温度与环境测试仪表、测绘测量仪表以及测试仪器。

优利德的发展史，是一个不断突破自我的历程。

2017年，在公司历练多年的洪少俊正式接手，掌舵这家发展近30年的大船的航向。作为第二代掌舵人，他要承继之前的辉煌，让公司持续保持稳定前行，更要立足未来，开辟新的征程。

UNI-T
股票代码 688628

洪少俊清楚地认识到，优利德高速发展的背后是时代带来的两个“风口”：一是电子信息行业的全面国产化需求，带来电子测量测试仪器的国产化需求；二是在“双碳”背景下新能源行业蓬勃发展，带来测量测试仪器仪表需求。

工欲善其事，必先利其“器”。通用电子测试仪器是现代工业的基础设备，也是电子工业发展和国家战略性、基础性重要产业之一，应用场景广泛且需求量大。优利德的发展折射出中国产业变革的鲜明特点。

“勇立潮头、奔竞不息”的攀登精神，深耕本业的专注，和家国情怀是优利德多年来持续进阶的企业精神。

在他看来，一名合格的青年董事长必须专注主业，具有强烈的家国情怀。“如果不对中国的未来充满信心，优利德就不会有当下的成就，更不会在中国持续大举投资。”

从企业发展的维度，优利德确立了“以科技及人文为本”的理念品格，持续投入科研，持续锻造公司科研的竞争“护城河”，全面启动IT信息化管理体系建设，推进全方位管理模式变革，瞄准“珠峰登顶”战略目标。

“优利德在科技研发上的资金投入，在国内同行内是较高的一个水平。在研发团队的努力下，优利德真正掌握核心技术，拥有自主产权。持续地投入，让我们的整个多元化的产品线更加完善，这是优利德后续发展的原动力。”洪少俊表示。

在科技研发上，如今，优利德已在东莞、成都和常州设立了三大研发中心，聚集了一批具有电子工程、机械工程、自动化工程、计算机科学、工业设计等专业学历背景的研发人才。

洪少俊透露：“2023年研发投入近1亿元，并计划逐年不断增加。截至2023年3月31日，公司已累计获得专利433项，并汇集了安全保护、采样及数字信号处理、稳定升压及可设步进电压、线性化信号处理、图像处理、三维波形实时显示、双时基独立可调等多个技术领域的核心技术。”

同时，随着人口红利的逐渐消失，洪少俊顺应行业的变化和发展，推动企业管理模式的全方位变革，全面启动了IT信息化管理体系的建设，不断推进风险管控激励，实现供应链管理、物流链管理体系，构建了全价值链动态战略的工业物联网系统。

“我们一开始就制定了高起点，定制开发一个全面的业务应用集成的IT信息化管理系统，包括大数据管理平台、数据分析BDA，运营管理方面有供应商管理平台SRM、客户管理系统CRM等，这对于制定更好的流程、决策、降低成本等方面，实现提升绩效。”洪少俊分析认为。

据介绍，优利德专注自动化生产能力、严谨的可靠性设计与测试、PCB板工艺要求、品质检测设备、优利德实验室等全面管理要求，整合智能管理核心业务流程，推进风险管控激励，实现供应链管理、物流链管理体系等，构建了全价值链动态战略的工业物联网系统。

经过多年努力，优利德拓宽研发的十大类别系列产品，已广泛应用于电子电工、电力维护、五金测绘、冷暖热通、安全监督、高等教育、科学研究、石油钻探、网络通信、电子制造、环境监测、新能源应用、汽车制造与维修和轨道交通等领域，成功打响了优利德品牌，走出了一条依靠创新登顶仪器仪表行业的巅峰之路。

责任和未来

洪少俊喜欢登山，这一爱好的养成和他接手优利德同在2017年。

“登山是我的热爱，登山的魅力就在于对自己的挑战以及为了达到一个目标的坚持。登山也会给我带来精神和工作方面的提升，让我更加理解生命的意义，同时追求自己内心能量的高度。”酷爱户外登山运动的洪少俊如此表示。

登山是热爱，经营企业则是责任。

“青年董事长还必须有高度的责任感、使命感、社会担当。”洪少俊表示，优利德有近千名员工，牵涉很多个家庭，还有上游供应商、下游客户、外部投资者，这都要求他和经营团队要有高度的责任感，必须将公司经营好，回馈所有参与方和社会。

经营企业是另一种意义的登山。

测试仪器仪表行业，是传统行业，同时也是技术密集型产业。当前，大部分高端

UNI-T
SET
Leeb Hardness Tester
UT347A
UNI-T

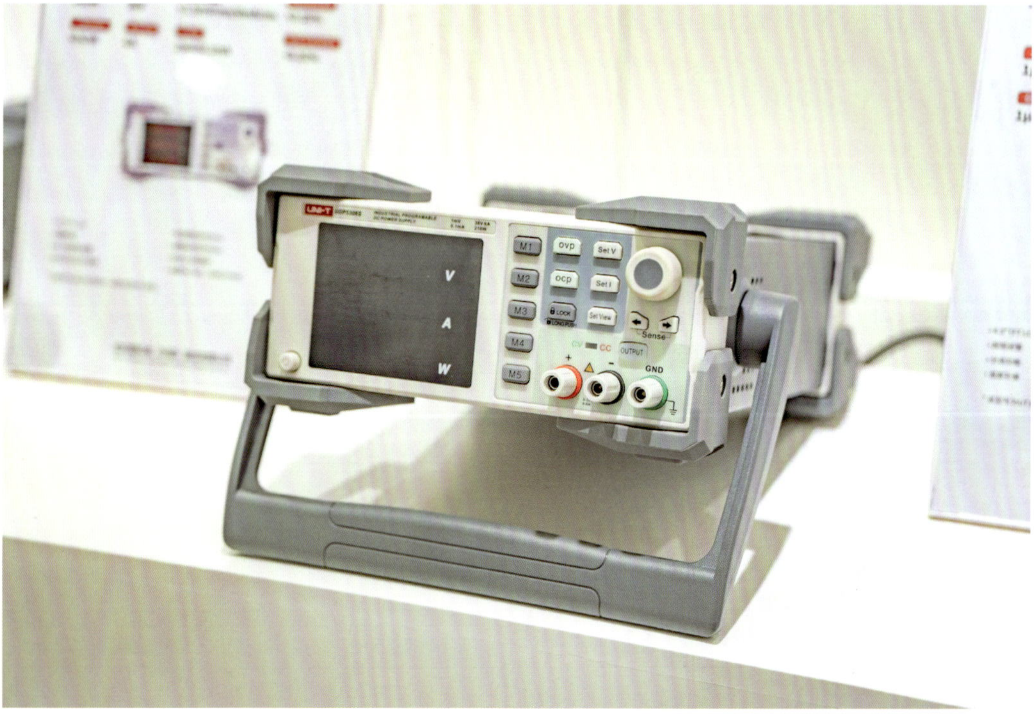
UNI-T
V
A
W
M1
M2
M3
M4
M5
ovp
ocp
LOCK
Set V
Set I
Set View
Sense
CV
CC
OUTPUT
GND

设备、核心元器件都存在国外巨头垄断的情况。“我们必须在技术研发上不断持续投入，加速产品更新迭代，加大企业文化建设，才能追赶国际巨头的步伐。”洪少俊意识到，随着国际竞争局势日益复杂，企业要生存就要追赶国际巨头，要追赶国际巨头就要走国际品质路线。

仪器仪表产品的需求是一个金字塔，越往高走越难，越需要坚持，越需要战略定力。”洪少俊道出经营企业和登山的共同精神内核，坚持。

2021年，优利德迎来成立30多年来的高光时刻——成为国内第一家科创板上市的综合性测试测量仪器仪表公司。

洪少俊认为，上市是一个新的起点。企业除了继续专注持续投入科研，持续锻造公司科研的竞争“护城河”外，还需要进一步加快全球化布局，打造一个具有国际影响的世界一流中国仪器仪表民族品牌。

目前，优利德的行业解决方案覆盖广泛，包括新能源汽车行业、新能源电池测试、光伏电站设施运维、储能电站运维等。

优利德公司采取多样化产品策略也成为面向未来的重要举措。一方面，该公司扎根仪器仪表传统产业，坚持科技自立自强、自主研发；另一方面，优利德也开始跨界，立足工业物联网、电子电工工具领域，不断推出极具竞争力的产品，拓展新版图。此外，公司积极进行前瞻性产品技术和应用技术的研究，持续储备潜力产品，不断提高产品的技术含量和应用价值，努力实现公司的可持续发展。

洪少俊介绍，未来5—10年优利德将沿着“深度国际化布局、掌握关键核心技术以及丰富行业解决方案”三个发展方向走下去。

山登绝顶我为峰，优利德也将“测”出独属于自己企业基因的璀璨未来。“优利德走过35年，经历过很多个重要阶段，现在进入了一个全新的高质量发展阶段。”洪少俊表示。

松山湖科学城，不仅各类智能制造企业林立，更是郁郁葱葱充满勃勃生机，优利德“勇立潮头、奔竞不息”的攀登精神，正在实践着一份“成为世界一流中国仪器仪表民族品牌”的愿景和自强风采，践行着一名登山者的责任和担当、热爱和坚持。

记者观察：“攀登下一座高峰”

“80后”的洪少俊每周都在为登下一座山做准备，企业家的洪少俊每一天也都在为企业的未来发展做准备。

对于他而言，登山这件事在不断尝试挑战和磨难，也如同企业在不断破浪前行一样，总有暗礁，但也总能激发更强的动能和力量。

攀登下一座高峰，是登山者的座右铭；攀登下一座高峰，也是企业家的使命和担当。一个企业家的成功，因素有很多，但勇气、魄力、胆略、行动这些因素缺一不可。

当今时代，在各种新技术涌现的时代背景下，一家企业如果缺少创新精神、变革精神，则如“逆水行舟，不进则退”，被时代抛弃。

一家企业保持35年的持续成长，完成一步步跨越，充满了挑战，更带来了创新和未来。时至今日，优利德已经从单一的数字万用表，到建立自主品牌，再到构建高效的研发体系，在高端设备、自动化生产、自动化调试等方面加大投入，逐步更新迭代。

愈艰难，愈向前，如登山。

无限风光在险峰。把握产业变革的时代风口，携带多年来的行业经验积累，洪少俊和他带领的优利德，将如登山者一样，一步一个脚印地登顶仪器仪表行业巅峰，迈向“成为世界一流中国仪器仪表民族品牌”的愿景。

同时，作为松山湖众多企业的一员，松山湖这座生态之城、科创之城，也成为他勇闯未来的底气。

“松山湖是一座生态之城、科创之城、投资之城、服务之城，企业设在松山湖，有利于业务开展、快速匹配前沿资源。”洪少俊表示。

CREATOR STORY

CREATOR
STORY
SONGSHAN LAKE

新材料产业

CHAPTER FOUR

创想者
松山湖

创明电池

动力之芯

创明新能源

【从无“锂”寸步难行，到有“锂”走遍天下。中国锂电池的故事，是一个关于探索与突破、坚韧与勇气的故事。创明新能源是这个故事的一员，以“动力之芯”为故事续写篇章。】

从无“锂”寸步难行，到有“锂”走遍天下，短短20余年时间，中国锂电池经历了一段波澜壮阔的历程：从起步晚却迅速赶超，再到如今的巅峰时代，实现了中国锂电池行业的崛起、创新与逆袭。中国在锂电池领域技术实力上崭露头角，坐上世界牌桌。中国锂电池的故事，是一个科技与创新的故事，是一个关于探索与突破、坚韧与勇气的故事。

中国锂电池：一部崛起的赶超史

中国锂电池创新与突破的起点，在中国锂电领域第一个“吃螃蟹”的大宗师，当数陈立泉院士。1980年，以钴酸锂作为正极材料的锂电池问世，紧跟着锰酸锂正极材料也出现了，当时在西德斯图加特马普固体所进修的陈立泉见证了欧美锂电池研发的繁荣。次年，回国不久的陈立泉便改行到固体离子学，在中国科学院物理研究所成立了中国第一个固体离子学实验室，从此与锂电池结下了大半生的不解之缘。

1987年，陈立泉开始担任“863”计划“七五”储能材料项目的总负责人，该项目关注的是聚合物锂电池的研发。1995年，我国第一块锂电池在中科院物理所诞生。1997年9月，他成功地完成了以国内技术设备和原材料为主的中国首条锂电池中试生产线的建设。

1999年，陈立泉院士实验室依靠自制的设备、国产原材料和自己研发的技术，完成了第一条18650圆柱型锂离子电池的测试生产线，年产量20万支电池，开创了中国锂电池产业的序幕。

由陈立泉院士与其团队所孵化出的第一家锂电池量产企业创明新能源，更是厚积薄发，始终秉承绿色新能源产品来改变世界的理念，致力于圆柱型锂离子电池的研发和制造，开拓于储能系统、绿色出行、智能消费、特种装备四大应用领域，为用户带来更加舒适、绿色的产品体验，为中国锂电池行业的可持续发展做出有益探索。

创明：续写圆柱电池经典和传奇

新能源时代，电动车逐渐被人们所熟悉，电动车核心零件的电池也随之被人们广泛关注。

总部位于松山湖的创明新能源股份有限公司（下称“创明新能源”），成立于2003年3月，是国内迄今为止唯一一家不仅拥有锂离子电池设备制造技术，而且拥有自主电池制造技术知识产权，并将两种技术有效结合的圆柱型锂离子蓄电池的制造商。

创新就是创明新能源的基因。创明新能源拥有丰富的技术积累和制造经验，每年投入大量资金用于技术研发，拥有自己的国家级CNAS实验室和中试线。创业研发团队人数约占内部人数的50%，从陈立泉院士担任企业首席科学家开始，一直与中科院、中南大学以及一些关键供应商保持紧密的合作，确保技术始终保持领先地位。

当前，创明新能源在圆柱锂离子电池行业深耕20年，作为中科院物理所孵化的国内第一家量产圆柱锂离子电池的企业，一直专注于圆柱型锂离子电池，电池组，便捷式电源设备的技术开发、生产和销售，是国内高容量圆柱锂电池产品的领跑者，无论是在容量型电池还是在动力型电池的技术实力上都处于行业领先、国际先进的水平。掌握着覆盖电芯、PACK模组等多个环节的锂离子电池全产业链核心技术。

创明新能源各系列圆柱型锂离子电池主要应用于笔记本电脑、便携式电子产品、电动工具、器械、电动自行车等领域，产品入选神州七号备用电源。不断精进的研发技术为公司构筑起发展“护城河”。创明不仅建有新型高比能锂离子动力电池省级工程技术研究院、完备的检测中心和国家级CNAS实验室，还拥有54项发明专利，246项实用新型专利，19项外观专利。

如今，创明新能源海内外“朋友圈”越来越大，不仅与华为、安克创新(Anker)、Belkin、比亚迪等国内外客户形成了高端研发合作，打造出了稳定的供应链，还创立了自有消费电子品牌POWEROCKS（宝格石），已在国际小有名气。

从行业追赶者到产业引领者

在2016年，创明新能源就量产了高镍体系的21700电池，而这款准固态圆柱电池是在其多年制造经验累积与电化学材料进步基础上的迭代版，容量高达6000mAh。在企业20周年之际，创明新能源研发推出了21700高安全准固态锂离子电池产品。

在锂离子电池的研发中，通常通过使用高镍材料或提高电池的电压来提高电池的能量密度。这些方法虽然增加了电池的能量密度，但也带来了严重的安全问题。随着正极材料中镍含量逐渐升高，相应材料的热分解温度也逐渐降低，电池一旦出现短路、过充、过放等异常现象，其温度会急剧上升，较低的热分解温度使得正极更容易释放氧气，加剧电池内部热量产生，导致电池更容易发生热失控，进而起火、爆炸，造成安全事故。因此，开发同时具备高能量密度和高安全性的电芯一直是锂离子电池行业的难题。

创明新能源21700高安全准固态锂离子电芯解码了这一行业难题，助力企业成为行业引领者。该产品同时面向智能家居和绿色出行等高端智能领域，可以满足消费者多元化的使用需求，可以配合企业创造更加多变的产品外观，拥有更高容量以及更安全的性能，是面向下一代智能产品需求的重大技术突破。2023年9月20日，在创明新能源股份有限公司新品发布会上，创明新能源推出了高安全准固态46大圆柱竹藤锂离子电池、32超低温极速充电的大圆柱钠离子竹藤电池（业内首颗超快充钠离子大圆柱电池），以及全球首发一体集成竹藤电池CTP1.0系列产品。这些全新的竹藤电池追求体积更轻的“轻”，更安全更耐用的“韧”，发挥圆柱封装特性的“圆”，做到散热如清风的“凉”，以及争取最佳比能量的“密”，竹藤电池凭借“轻、韧、圆、凉、密”的特性迅速出圈，既是创明新能源师法自然的灵感呈现，也是创明新能源研发团队匠心独运的成果展示。致力于研发新产品，创明新能源在科技探索之路上不断奔跑向前。

记者观察：一颗电芯，串联起全场景电动化的零碳征程

锂，元素周期表第三位的活跃金属，正成为驱动汽车百年转型的关键。

2000年，我国启动了“十五”863计划电动汽车重大专项。当时，镍氢电池受到了电池研究科学家的宠爱而呼声非常高，而锂离子电池几乎被排除在这一项目之外。2001年，陈立泉专门到上海拜访了时任863计划电动汽车重大专项负责人万钢教授，请求给锂离子电池一个机会。在对我国锂电池研究水平和能力做了充分的考察评估之后，万钢接受了陈立泉的意见，将动力锂离子电池纳入电动汽车重大专项课题之内。

也正是这个时间节点，2001年以来，中国汽车产业经历了两次腾飞。第一次是从2001年加入WTO后，燃油车的腾飞。第二次是从2014年到如今，新能源汽车产销量连续8年位居世界第一。在国家产业政策的引导下，伴随着经济发展和居民收入的增长，中国整车厂商快速跟进新能源发展的方向，绕过传统燃油车技术限制，实现在新能源领域技术创新的突破和产销规模的超越，中国新能源汽车赛道成为引领全球新能源汽车转型的“桥头堡”。

在过去的十几年间，中国锂电从行业追赶者成了产业引领者。过去20年，创明新能源稳扎稳打，同许多新能源企业一样，为绿色能源做出了“芯”贡献。中国锂电池行业历经起步、赶超、巅峰，从中国制造到中国创新，终于赢得了国际市场的尊重与青睐。这个行业的领导者们不仅在技术领域有所建树，更在可持续发展和碳足迹方面树立了典范。

这是一个不断创新、勇攀科技高峰的时代，也是一个为绿色和可持续未来而奋斗的时代。创明新能源作为动力电池行业的坚实力量，发挥产学研合作优势，正在快速崛起。通过自身的前瞻技术与产品，助力我国新能源产业持续、稳健前行。用一颗电芯，串联起全场景电动化的零碳征程。

CREATOR STORY

K

KAIJIN

点“墨”成金

凯金新能源

【抢抓前沿材料的新增长点，把握从碳基到硅基迭代的机遇，

凯金新能源点“墨”成金，不断创新。】

点“墨”成金，可以说是新能源时代对石墨这一材料的形象概括。位于东莞松山湖的广东凯金新能源科技股份有限公司（下称“凯金新能源”）正是这样一家致力于点“墨”成金的新能源企业。

2023年9月13日，中信证券发布关于凯金新能源的辅导备案公告。2023年9月6日，凯金新能源正式向中国证券监督管理委员会广东监管局报送辅导备案申请材料，并于2023年9月12日获得受理。从2012年3月成立以来，这家点“墨”成金的企业在创新的路上已经走了11年。

新能源时代：点“墨”成金

石墨是一种结晶形碳，六方晶系，为铁墨色至深灰色，质地较软、有滑腻感、可导电。石墨耐腐蚀，与酸、碱等不易反应，是高端装备制造、战略新兴产业及核电领域的关键资源，名列我国“战略性矿产名单”。

目前，石墨主要用于电池负极主要材料，国际能源署2021年5月发布的报告显示，为实现《巴黎气候协定》全球升温2摄氏度以内的目标，2040年全球清洁能源矿产需求至少翻番，电动车相关矿产需求将增长30倍，其中锂增长42倍，石墨紧随其后，增长25倍。

凯金新能源瞄准了石墨这一材料蕴含的巨大产业商机，致力于点“墨”成金，早在2012年成立了公司，专注于人造石墨负极材料、硅基负极材料、储能硬碳负极材料等电池负极材料的研发、生产和销售。产品适用于方形、圆柱、软包聚合物等类型锂离子电池。

近年，我国新能源汽车行业呈现稳步增长的态势，带动包括动力电池负极材料在内的相关产业链不断发展。人造石墨是国内主要的动力电池负极材料，且凭借优异循环性能在3C数码领域也占据主流。随着新能源动力电池行业及3C数码行业的迅速发展，人造石墨市场规模必将进一步扩大。

人造石墨作为凯金新能源的主要产品，具有克容量高、压实密度高、循环性能优异、高低温性能好、充放电倍率高等优点。技术实力和产品质量成了凯金新能源抢占市场的关键因素，公司与锂电产业链下游客户均建立了长期合作伙伴关系，跟国内主流电池企业如宁德时代、孚能科技、国轩高科等均建立了稳定的合作。

目前，企业主要客户已覆盖动力电池领域国内排名前十中的多数电芯企业。此外，公司积极布局海外市场，目前已经进入电池制造商日本LEJ、韩国Kokam的供应链体系，并实现批量供货。据高工产研锂电研究所（GGII）最新数据统计，目前凯金新能源在我国人造石墨市场的占有率达到16%，成了Top3。

随着负极材料行业迅速发展，人造石墨作为国内主要的负极材料，有着广阔的发展前景，至2022年底，企业拥有负极材料产能约9万吨，石墨化产能10万吨。目前，江苏凯金、乐山凯金、贵州凯金项目正在加速建设，凯金石墨产能有望加速释放，至2025年底，预计将拥有负极材料产能59万吨。

前沿材料的新增长点：从碳基到硅基的迭代

在石墨产能稳步发展同时，凯金新能源一直关注前沿材料领域。

过去几年，锂离子电池的进步发展，电池能量密度的提高主要依靠在电池结构、电解液、隔膜等方面的突破改进，试图能够实现质的飞跃。其中，正负极材料的改进也是整个产业重点突破的方向。如何提升电池的能量密度，以达到更高的效率、更长的使用寿命，一直是锂电产业界人士孜孜不倦、刻苦攻坚的方向。

影响电池的两大指标分别是电池容量和充电时间。作为电池负极材料的石墨，石墨比容量目前已经接近理论的上限值；主流的动力电池包已能支持2C充电倍率，而石墨负极的析锂问题困扰电池快充性能的进一步提升。要想进一步提升锂电池的性能，使用硅基负极材料成为一个趋势。硅基负极是未来发展趋势，点“墨”成金的凯金新能源未来可期。

在众多的新材料中，纯硅是能替代传统石墨的优质材料。纯硅负极材料的理论能量密度可达4200mAh/g，相当于石墨负极理论极限的11倍多。由于硅基负极具有很高的理论比容量，能满足高倍率充放电的需求，再加上其低温性能极其优越，这些恰好能满足新能源汽车、消费级电子产品、储能电池系统等一系列新技术领域发展的迫切需要。

2020年，凯金新能源研发的前沿硅负极材料在全国最早实现了量产。目前碳基材料是使用最为广泛与成熟的负极材料，而硅的能量密度是碳基材料的10倍以上，是目前已知比容量最高的负极材料，这一优势使得其被视为理想的下一代负极材料。2021年，凯金新能源在全国率先实现了匹配储能领域钠离子电池的前沿新型碳负极材料研发与中试。

作为国家级高新技术企业、国家级专精特新“小巨人”企业，凯金新能源组建有研发实力雄厚的凯金研究院，拥有逾500人的研发团队，其中硕博人数超80人。通过研发团队不断地试验改进，公司自主投资转化出了一批批高质量的科技成果，被认定为广东省知识产权示范企业。截至2022年12月，累计申请专利425项，授权专利201项，其中授权发明专利56项，国际发明专利2项，实用新型专利143项。

记者观察：负极材料的新赛场

负极材料是锂电池的四大关键材料之一，占锂电池成本的10%—15%，在锂电池中起到能量储存与释放的作用，主要影响锂电池的首次效率、循环性能、倍率等。

当前，负极材料在我国的竞争格局分为"四大多小"。其中，凯金能源和已经上市的贝特瑞、杉杉股份以及江西紫宸，出货量占据市场的70%左右。

锂电产业的火爆，随着行业一轮又一轮的扩产，各个细分赛道的竞争变得日趋激烈，负极材料市场也不例外。2020—2023年4月，共有181个负极材料扩产项目。这些项目涉及企业99家，其中新进入者有72家，传统负极企业有27家。

负极材料企业如何打造"护身符"，一方面就是提升石墨化自供率，加强一体化建设；另一方面就是通过研发新技术、新工艺，强化创新能力，推进产品迭代，增强市场竞争力。在凯金新能源，全国各地项目的产能扩张，硅负极材料在全国最早量产正是这一趋势的呈现。

负极材料企业需要主动推进产品迭代，开发性价比更高、更适应发展趋势的负极材料产品。石墨化在人造石墨中的成本占比可达40%—60%，降低石墨化成本成了负极材料企业提高盈利能力的关键，而这催生的产业趋势就是"一体化"。负极材料企业通过"一体化"整合自身供应链，自建石墨化产能，针对生产过程、原料、工艺进行变革，从而提升工序自动化程度，解决好石墨化加工工序能耗高的问题。一体化的布局成为构筑企业核心竞争力的重要一环。

在行业内，特斯拉率先打开了负极材料的"魔盒"，从碳基到硅基的迭代。根据东方证券《硅基负极：新一代锂电材料，市场化进程加速》报告中数据显示，预计2025年全球硅基负极出货量有望达到14.9万吨，渗透率将达到5.4%。据统计，2021年中国硅基负极材料出货量仅为1.1万吨，负极渗透率仅为1.4%，提升空间巨大，硅基负极市场由此迈入"快车道"指日可待。凯金新能源立足于硅基市场的新赛道，值得我们期待。

CREATOR STORY

超临界创新

海丽新材料

【作为国内率先研发第二代超临界流体发泡技术的企业，这家公司已成为全球生产超临界流体发泡鞋中底企业中产能最大的一家，成了化学原料和新材料“两条腿”走路，从原始创新到绿色制造全流程打通的高科技企业。】

在东莞东部工业园生产基地，海丽集团旗下的广东海瑞斯新材料股份有限公司工厂流水线运转不停，车间内一种名为EVA（乙烯-醋酸乙烯酯）的透明塑料颗粒被加入设备进行融合、搅拌和加热，便能“摇身一变”成为发泡车间的鞋底模型。已出炉的鞋底模型经过高压容器“高温软化”，使氮气变成超临界状态，并将其注入材料，经历压花纹环节后，便能见证一块轻便、有弹力的鞋中底材料的诞生。

“超临界流体发泡”的超临界创新

创新是一种变化过程，是一种知识聚合反应的结果，要求区域内的知识达到一定密度，然后，各种知识之间才能够克服知识稀薄导致的无法交流与激发的困境，从而相互激励，这个时候创新就有可能发生。在此最低知识密度下实现的创新就称为创新的临界点。

某种程度上，创新也是一种化学反应，一种在各种创新点处于临界状态的一个反应。

海瑞斯新材料股份有限公司里，从EVA（乙烯-醋酸乙烯酯）透明塑料颗粒“摇身一变”成为发泡车间的鞋底模型，这种发泡技术被称为“超临界流体发泡”，是许多高端运动鞋品牌使用的一种新型发泡技术，即通过改变温度和气压，将氮气或者二氧化碳变为超临界流体并注入鞋中底材料——橡胶或塑料中，再卸掉压力使材料膨胀发泡。由于柔软、舒适、轻盈等特性，这一材料如今受到了越来越多运动鞋品牌的青睐。

作为国内率先研发第二代超临界流体发泡技术的企业，东莞海丽控股集团下属广东海瑞斯新材料股份有限公司已成为全球生产超临界流体发泡鞋中底企业中产能最大的一家。

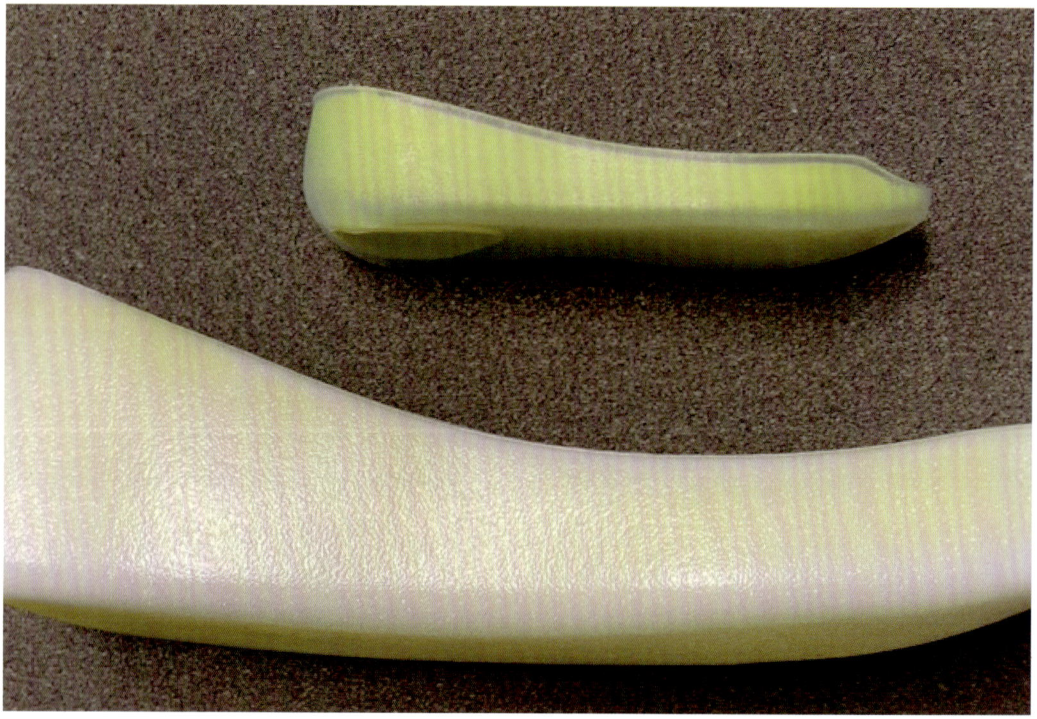

自2016年研发该项技术以来，海丽集团步入发展快车道，先后在松山湖建设落成了海丽大厦、东部工业园生产基地，并在东莞企石镇和越南胡志明市设有三家工厂，成为了化学原料和新材料“两条腿”走路，从原始创新到绿色制造全流程打通的高科技企业。

东莞海丽化学材料有限公司业务范围涵盖橡胶塑料材料、功能性材料和化学助剂等领域。海丽集团以高分子材料研究院为核心驱动，发展支持海丽化学、海丽材料两大板块业务，使集团成为投资、研发、生产、销售为一体的综合性集团。

海丽高分子材料研究院拥有全套高分子材料加工成形设备及先进检测分析设备，具备极强的研发创新能力。化学原料业务则聚焦橡塑高分子行业，专业为客户提供高品质化学原材料以及功能材料总体解决方案；环保发泡新材料业务专注超临界流体发泡材料，目前已产业化3D异型件发泡工艺，非交联板材模压发泡工艺以及交联板材釜式发泡工艺，产品主要应用于运动鞋材，新能源电池，5G通信等新兴领域。

化工原料的“绿色化”生产

2013年，应用了第一代超临界流体发泡技术的运动鞋一经问世，便吸引了海丽集团董事长徐小军的注意。早在十几年前，海丽集团还是一家专注化学原料贸易的小公司，徐小军已通过阅读文献了解到这一技术。在2015年的一次英国交流中，徐小军看到一家公司制作的板材也应用了超临界流体发泡技术。这让他确信，该技术不仅具有可行性，且应用范围广泛。虽然从发现临界现象至今已有一百多年的历史 ，但其迅猛发展只是近30年的事情。随着近年来理论和应用研究的深入开展，超临界流体已广泛应用于萃取、反应、造粒、色谱、清洗等技术过程，并在化工、医药、食品、环保、材料等领域显示出广阔的应用前景。

“每生产一种化学原料都要付出相应的环境代价，而生产1吨传统化学发泡剂，需要投入13吨水洗涤，随后的废水处理、产品上的甲酰胺残留都是问题。”从初期的专注贸易到金融危机后涉足研发，在化学原料领域，海丽已有深厚的知识积累和独到的行业洞察。

回到松山湖，依托已成立7年的海丽工程技术中心，徐小军马上开始自行研发第二代超临界流体发泡技术，成立了专注高端运动器材行业的子公司海瑞斯，进军新材料领域。

与此同时，海丽集团果断投资1.5亿元在松山湖加大布局投入，致力于将海丽大厦打造成集海丽集团总部、超临界材料研究院、公共检测和产业孵化平台于一体的创新引擎。在松山湖，海丽看到了许多上一年还在热议的新技术，第二年就有人将其产业化推向市场。松山湖管委会搭台建立的众多学术会议和交流活动，让海丽真正获得了与同行并肩砥砺前行，与科学家交流的宝贵机会。

2019年，海瑞斯用实验设备完成了第一笔订单，生产的鞋中底较第一代技术重量减轻20%，回弹提高20%，突破了初代技术产品颜色、外观单一的局限。随后，海丽集团将自研组建的全套工艺流程及设备投入生产，开设了海瑞斯的第一个工厂。源源不断的订单伴随着多项国内外自主发明专利接踵而至。

超临界材料需要攻克的技术难关还很多，而产学研结合是突破的关键。海丽集团与德国拜罗伊特大学、德国巴伐利亚新材料研究中心、香港科技大学就第三代超临界材料展开了合作研究。自2016年研发该项技术以来，海丽集团搭建起日益牢固的竞争壁垒，步入发展快车道。

2022年4月，海丽集团在松山湖东部工业园的生产基地投入使用，这个建筑面积2.5万平方米，按照美国LEED绿色建筑评估体系金级设计的厂房，从用地摘牌到投产，前后仅用了1年零15天。这场政府与企业的“双向奔赴”让徐小军印象深刻。

目前，海瑞斯拥有超临界流体异型结构鞋材发泡的生产线，具备自主知识产权。2022年3月，海瑞斯新材料生产基地正式投产使用。海瑞斯运用超临界流体技术取代传统化学助剂，实现了生产过程无污染，产品不携带化学残留，生产车间无刺鼻气味。在生产过程中，产生的废气被集中收集，并进行有效的净化。

如今，订单制生产的海瑞斯工厂，流水线上忙个不停，Brooks等运动品牌均与海瑞斯开展了定制开发合作。依靠超临界材料，海丽集团走上了国际舞台，与此同时，越来越多“先进制造+科技创新”的东莞企业也向世界客户提出了他们的解决方案。

记者观察：从原始创新到绿色制造，用责任担当守护“大家”

如何以创新技术引领绿色制造，这是中国制造企业面临的机会与挑战。

我国是制造业大国，近年来降碳减排举措取得了一定成效，但制造业能源消费总量呈上升趋势、绿色技术水平低于世界先进水平等问题依然存在。

据统计，造成环境污染的排放物中有70%以上来自制造业，而传统的环境治理方法是末端治理，不能从根本上实现对环境的保护。这就要求制造业考虑产品整个生命周期对环境的影响，最大限度地利用原材料、能源，减少有害废物的排放，增加操作安全，减轻和消除对环境的污染。

作为国内率先研发第二代超临界流体发泡技术的企业，东莞海丽控股集团以绿色技术创新为抓手，其下属广东海瑞斯新材料股份有限公司已成为全球生产超临界流体发泡鞋中底企业中产能最大的一家，成了化学原料和新材料“两条腿”走路，从原始创新到绿色制造全流程打通的高科技企业。相较于使用化学品发泡的传统技术，超临界流体发泡的运动鞋更轻、回弹性更好，且生产过程更加绿色环保。

事业上，徐小军经20年创业，带领团队将公司发展成高分子新材料领域的行业领先企业。家庭中，徐小军和妻子工作虽忙，却从不缺席孩子的成长，荣获“广东省五好家庭”称号。

作为家庭教育的受益者和推广者，徐小军还积极投身家庭教育公益事业，2015年成立东莞市松山湖家庭教育促进会并担任会长，为松山湖的教育发展做出了积极贡献。徐小军认为，下一代的孩子承担着保护地球的责任。环保教育可以培养孩子对环境问题的认识和关注，激发他们的环境意识和责任感，这也正是海丽新型发泡材料所追求的社会责任担当。

CREATOR
STORY
SONGSHAN LAKE

生物医药产业

CHAPTER FIVE

创想者
松山湖

从“一见钟情”到“双向奔赴”

红珊瑚药业

【从对松山湖美景的“一见钟情”，到企业扎根松山湖的“双向奔赴”，红珊瑚药业在松山湖这片科技创新资源富集的沃土上，收获满满，未来可期。】

布局大健康及高新技术产品发展，启动近30个研发项目，形成了99个药品、保健食品的产业研发格局，实现一家药厂到单一主打产品到各个领域的华丽蝶变……自2016年和东莞松山湖“一见钟情”，爱上这里的自然美景后，广东红珊瑚药业有限公司（以下简称“红珊瑚药业”）董事长王中嶽已经融入松山湖，企业发展蒸蒸日上。

在地方政府招商引资时，王中嶽常常作为企业嘉宾出席会议，以红珊瑚药业在松山湖发展的实际案例推介松山湖，吸引外来投资。2021年松山湖迎来建园20周年之际，成为“湖里人”5年后，王中嶽获得“松山湖20年突出贡献人物”荣誉称号。政企“双向奔赴”的关系由此可见。

“大健康产业是一个朝阳的行业，中国人的健康意识已经逐步加强，我们正处在一个好时期。”王中嶽希望，未来可以立足松山湖、立足东莞，为行业发展贡献一份自己的力量。

落地，跑出“松山湖速度”

王中嶽和东莞的故事首先源自松山湖的自然风景。

2013年5月，当王中嶽第一次踏上松山湖的土地，松山湖的美景和创业环境，让他不由得发出惊叹：“这是个好地方，这种感觉太棒了！”目光所及，皆是春色。

2016年，红珊瑚药业迎来一次重大战略转移，在多方考察之后，公司整体搬迁到东莞松山湖，在东莞建设生产基地，自此开启了在松山湖的创新创业故事。

在此之前，2002年，王中嶽到中国政法大学修读博士，机缘凑巧之下接触到制药行业，正式踏入生物制药行业。

据悉，早在20世纪90年代，这家制药厂开发出新型生物铁（血红素铁，即猪血提取物）补铁剂——维血冲剂，不但获得了国家专利，还取得广东省保健药品批准文号，产品于当年投放市场，取得良好的社会反响。

随后，科研人员对产品进一步优化，在猪血提取物作用明确的前提下，根据中医理论加入了黄芪、大枣等中药材，与猪血提取物相辅可以起到气血双补的作用，实现补血补气健脾三管齐下，具有补血又快又久又安全的特点。

王中嶽和团队经过大量调查，他认为这家制药厂品种独特，是一种补血的药品，并且进入了医保目录，市场优势很大，具有发展潜力。“只要节源开流，注重产品开发，红珊瑚药业可以发展得很好。”王中嶽表示。

红珊瑚药业的建设，展现了“松山湖速度”。在管委会多个部门支持下，一切进展都很快：2013年9月签协议，经过一年的规划建设审批，2014年8 月开始建设，2年后红珊瑚药业就顺利投产。

红珊瑚药业落地松山湖，既是企业的主动选择，也正是东莞谋划发展生物医药产业的城市所需。

2012年是东莞大力发展生物医药产业的元年，通过设立“东莞两岸生物技术产业合作基地”，在松山湖战略性布局发展生物技术这一新兴产业，加快推进转型升级、构建创新型经济体，力图把生物医药打造成东莞经济新增长极的任务。

当前，松山湖拥有注册生物医药企业400多家，占全市80%以上。这里聚集了东阳光药、三生制药等一批知名企业，以及广东医科大学等高校和科研院所，创新资源充分集中。

迎生物医药产业的发展东风，红珊瑚药业落地松山湖，成为东莞生物医药产业蓬勃向前的一股推动力量。

扎根，成为“湖里人”

步入红珊瑚药业的园区，近7万方平米的厂区绿树成荫、飞鸟成群；前沿的研发实验室里，现代化的制药车间以及古色古香的李时珍铜像被大片荔枝园围绕。

迁至东莞后，红珊瑚药业保持了原有的独特产品，投入了大量资金用于技术研发和产品创新。目前，公司独家专利产品益气维血颗粒和养肾补血颗粒被认定为“高新技术产品”。益气维血系列产品还进入了国家医保目录，而且没有同类药品可以替代。

其中，核心产品益气维血系列和养肾补血颗粒，实现了制药领域的“中西结合”，有着处方、工艺独到的特性，被认为是中药补血药中物质基础最明确的品种（含有血红素铁），是国内唯一含有生物血红素铁的抗贫血药物。

不谋全局者，不足谋一隅；不谋一世者，并不可谋一时。作为企业的管理者，王中嶽敏锐洞察到未来发展趋势，布局大健康及高新技术产品发展，企业已启动了近30个研发项目。进一步加强医药研发，现已形成了99个药品、保健食品的产业研发格局，实现一家药厂到单一主打产品到各个领域的华丽蝶变。

如今，红珊瑚药业是集科研、生产、销售为一体的现代化民营制药企业，拥有一大批包括教授、博士、硕士在内的高新技术人才，发展态势强劲，多次荣获“高新技术企业”，被国家科委、省科委列入“国家级火炬计划项目”，并屡获“国家级新产品奖”“广东省科学技术进步奖”等荣誉。

在松山湖，大家都自称“湖里人”，进入松山湖5年时间，王中嶽也成为一名标准的“湖里人”，也从初见之时的“一见钟情”走向“双向奔赴”的良性互动——参与政府组织的招商活动，作为企业代表宣传推介松山湖；投资松山湖本土生物医药企业，深度扎根本土发展。

2021年，在松山湖建园20周年之际，王中嶽获得“松山湖20年突出贡献人物”荣誉称号，对他过去扎根松山湖发展所做的贡献予以表彰，也成为他持续扎根松山湖发展的重要节点。

值得一提的是，王中嶽于2019年就任松山湖台商分会长，服务台湾同胞在松山湖的各项工作，并举办多次两岸交流活动，和青年台商密切交流，鼓励和帮助他们发展。

2023年10月，《东莞深化两岸创新发展总体方案》出炉，在东莞试点探索深化

两岸创新发展合作，加快建设两岸共同产业、共同市场、共同家园。

王中嶽表示，“十四五”规划纲要中提出“全面推进健康中国建设”，将为医药保健市场注入无限的商机。同时，在政策的推动下，将会有更多的发展机遇与制度保障惠及两岸，也会有越来越多的台湾同胞从中感受到满满的获得感。

记者观察：松山湖不只有美景，更有科创氛围

发展生物医药产业对于“世界工厂”的东莞，是产业“立新柱”的重要战略部署。作为东莞七大战略性新兴产业基地之一——松山湖生物医药产业基地，东莞正打造着一个加强版的生物医药产业。这片创新创业沃土，在面向全球揭榜招商后，如种下梧桐一般引来不少“金凤凰”。

当前，该基地重点发展化学创新药、生物制品创新药、医用成像设备、放射治疗设备、植介入器械、医疗人工智能、体外诊断试剂等，培育壮大大健康和生命产业集群。

红珊瑚药业是东莞生物医药产业落地发展的一个典型代表。

在松山湖，这一生物医药产业最为聚集的区域，正迎来生物医药产业的快速发展期。

在2023年5月举行的生物医药与大健康松山湖峰会上，生物医药与大健康湾区创新生态联盟成立，多方共建“基础研究、技术攻关、成果转化、科技金融、人才支撑”为一体的开放创新生态。

今年，东莞首批重点产业链“链主”企业名单发布，广东东阳光药业有限公司、广东菲鹏生物有限公司2家企业入选首批生物医药“链主”企业。生物医药在东莞正蓬勃生长，寄寓着东莞提升产业链价值、培育产业新动能的期望。

2023年9月，松山湖印发《推动生物医药产业高质量发展若干措施的实施细则（试行）》，将创新药、高端医疗器械、医疗机器人、核医学等领域的企业纳入奖补范围。

如同松山湖的建设，是从一片荒芜之地崛起，到迈向国际一流科学城，松山湖生物医药产业的发展，同样经历了从无到有，从有到优的发展过程。

创新链和产业链是松山湖科学城顶层设计的“鸟之两翼”，如红珊瑚这样具有科技创新实力的企业正是衔接创新和产业两个链条的关键环节之一。

在松山湖科学城科技创新的“生态雨林”里，中国散裂中子源、松山湖材料实验室等大装置、大平台，众多扎根发展的新型研发机构，以及华为等龙头企业为松山湖科学城的发展注入源源不断的强大动力，成为支撑科技创新的底气，成为创新要素服务供给的重要来源，同时也成为支撑生物医药产业创新发展的重要支撑力量。

如同王中嶽第一次来到松山湖，就为这里的自然美景所吸引，未来，将会有越来越多的外界人士不但为这里的自然美景所吸引，更将为这里的科技创新资源的富集而吸引。

光大We谷

高端医疗器械的“中国创造”力量

博迈医疗

【研发没有捷径。在高知识密度、高投入的医疗行业，要实现快速崛起，博迈医疗自身雄厚的研发实力和联合研发模式成为其中的重要因素。】

步入位于松山湖的广东博迈医疗科技股份有限公司（下称“博迈医疗”）的GMP生产车间内，两名工作人员正穿着无尘服对球囊导管进行检测。依托技术创新，博迈医疗的产品行销全球80多个国家和地区。

曾经，在刚布局国际市场时，博迈医疗的工作人员遇到这样的不信任“不相信中国人能做高端球囊”；时至今日，这家公司在国际、国内两个市场同步发力，球囊导管的年产销量已跃居全球行业前茅，书写中国企业在全球高性能医疗器械领域的精彩故事。

“公司需要在研发创新上坚持长期主义，研究来自临床的痛点和医生的需求，通过博迈医疗长期投入和积累的领先技术和高端制造能力，不断推出‘中国原创’技术和产品，在全球范围内日积月累地打造中国品牌优势。”对于未来，博迈医疗创始人李斌表示，现在只是一个开端，以创新、规模、全球化组成的“博迈发展铁三角”，将长期支撑企业的高速发展。

长期主义和“专精特新”

医疗器械产业是典型的跨多学科和多领域的交叉学科领域，涉及临床、生物、物理、化学等众多学科和门类，是技术、资金和时间密集型产业，是需要坚持“长期主义”的行业。

“一款产品从研发到注册，需要5年以上，甚至7年以上时间。公司第一款基于‘中国原创’技术和理念的三角丝高压刻痕球囊导管自2014年立项，几经创新和升级，历经9年的海内外研发，2022年才取得国内注册证。”李斌介绍，博迈以冠状动脉介入球囊产品为切入点，依托其血管介入器械技术平台，专注研发血管介入高性能器械。

研发没有捷径。在高知识密度、高投入和长周期的医疗行业，要实现快速崛起，博迈医疗自身雄厚的研发实力和联合研发模式成为其中的一个重要因素。

博迈医疗拥有先进的技术优势与研发平台，设立有广东省血管介入治疗技术与器械工程技术研究中心，东莞市血管介入医疗器械研究开发重点实验室，该研发平台由多位首席科学家、国家专家和研究生以上学历占比90%的团队组成，积累了丰富的产品研发与工艺设计经验。

借智借力，共同成长。博迈医疗与包括新加坡国立大学、华南理工大学、成都电子科技大学、东南大学等长期产学研合作带来高校科研力量。同时，也积极与各大医疗机构紧密合作，了解临床的痛点、难点。

在医疗器械开发领域，一款出色医疗器械的诞生，离不开医生的深度参与。“我们会和国内外的医生大咖们进行思想碰撞，了解一线临床的痛点和需求，利用我们的技术和研发力量，针对需求开发产品。”李斌举例，公司这2年新上市的全球最小的CTO球囊和POT技术专用球囊，就是基于国内临床专家们的需求研发的产品。

来自地方政府的政策支持也成为助力博迈医疗发展的重要因素之一。

针对临床痛点，博迈医疗研发出的“冠状动脉介入切割球囊”获得2022年东莞市重点领域研发项目立项。

“冠状动脉介入切割球囊”针对严重血管狭窄病变和钙化病变难以扩张开的难题，基于博迈医疗的技术储备，创新的在微导丝上设计加工出切割单元，开发出兼具高压扩张能力、良好切割性能、高柔顺性及安全性的新型切割球囊，解决了传统器械的扩张能力不足的难题。这是博迈医疗众多“中国原创”高性能医疗器械的一个缩影。“我们不仅可以做高端医疗器械，还能比国外做得更好。”

耐得住寂寞，甘坐冷板凳，长期主义的发展战略成为博迈医疗惊艳业界的法宝。2022年7月，博迈医疗入选国家级专精特新“小巨人”企业，次年被认定为东莞市第一批市级单项冠军示范企业。这是对他们在高性能医疗器械产业坚持长期主

义的认可。

“专精特新”企业以专注铸专长、以配套强产业、以创新赢市场，通过持续加大对技术研发创新力度，挖掘独特场景，开发出新产品，进一步增强企业核心竞争力，开拓出产业新赛道。

博迈医疗以“独门绝技”，在血管介入球囊导管这一竞争激烈且市场巨大的全球“细分市场”里挤进了强劲的中国制造，更通过“中国原创”产品和技术树立起了高品质的中国品牌形象。在全球产业链上拥有了关键的一席之地，有效连接产业链的断点、疏通堵点，开拓出产业新赛道，成为东莞“专精特新”企业的杰出代表。

中国原创，布局全球

“中国作为全球第二大医疗器械市场，时至今日依然只是“医疗产业大国”而不是“医疗产业强国。”李斌说，“今天的中国，是全球制造产业门类最齐全，众多制造技术全方面领先的国家。经过长期的发展，广大的中国临床医生群体也已成长为全球临床技术领域的先进群体。因此来自中国优秀医生群体的“创意和临床技术需求”，加上中国创新技术和先进制造能力的实现，这样产生的“中国原创”往往就是全球领先、世界先进的技术和产品。同样也是解决全球临床痛点的高端产品”。博迈医疗正在探索一条以“中国原创”作为原动力，将“中国原创”产品和技术带向全球，引领产业发展，成为全球产业领军的企业之路。

走进博迈医疗的展厅，“全球最小”“全球首家”“行业唯一”等字眼随处可见，这些都是企业已上市或正在上市注册中的产品。从这些领先的产品和技术中也可以窥探出，博迈医疗能成为中国高端医疗器械出海的优秀代表的原因。

据企业研发负责人介绍，展厅中只是陈列出了可以公开的部分技术，公司还有大量的商业和技术保密产品在稳步研发和注册中。这些新技术和新产品都是来自海内外的“医工结合”，当然更多的还是来自众多聪明而经验丰富的中国临床医生。“我们要求，未来研发的新产品都要出自‘医工结合’”，李斌说：“只有基于临床需求的创新，才是真正的市场痛点，这样的产品和技术才是能打开市场，满足广大患者对健康的追求”。

自2022年取得欧盟和多个国家的产品注册和准入以来，博迈医疗的Alveo™（全球最小的CTO球囊）以及POT™（全球第一款POT技术专用球囊）产品都已在海外市场一炮而红，赢得了全球各国众多临床专家的一致好评。而这只是博迈医疗将“中国原创”带向世界的第一次探索，结果是令人振奋的。

2023年9月，在第37届欧洲血管外科学会年会上（ESVS2023），来自北京大学第一医院肾内科的专家团队向国际同道们发表了“外周血管刻痕球囊扩张导管在治疗自体动静脉瘘狭窄病变中的12个月研究结果”的主题演讲。这一行业独到的研究正是基于博迈医疗全球独家的“Tri-wedge™外周三导丝刻痕球囊导管”的长期临床研究结果的总结。

正如一个临床大咖所言，当一个国家都没有一系列全球创新和领先的医疗器械给全球临床诊疗做出贡献的时候，这个国家的临床医生群体也不可能引领全球的学术发展。博迈医疗倡导的“中国原创”，不仅能将中国品牌、中国创新推向世界，还能带领中国临床研究，中国医生跻身世界临床学术金字塔的顶端。

在博迈医疗的展厅，各国的产品注册证书挂满了整面证书墙。据介绍，截至2023年中，博迈医疗在全球的医疗器械产品注册证就已超过360张，其中绝大多数都是三类医疗器械产品（监管等级最高的），这面墙上的证书只是一小部分而已。这也正如博迈医疗的发展，以管窥豹，前途无限。

2012年，李斌来到松山湖，“入局”血管介入类耗材器械。

11年的发展，在需要时间沉淀的医疗器械产业博迈依然是新兵，但博迈医疗已开创了中国高端医疗器械领域中的多个奇迹——

博迈医疗已快速成长为中国国产球囊导管领域中技术全球领先、产销量名列前茅的领军企业；

博迈医疗开创了中国行业内首次由全球知名企业代理中国品牌的高端医疗器械；

博迈医疗的产品在全球多个国家都居于前三的市场占有率，实现了中国品牌高端医疗器械在全球市场的华丽转身；

博迈医疗已成长为中国高端医疗器械海外拓展的优秀代表，现在正在引领“中国原创”走向世界，为实现中国“医疗产业强国”贡献自己的一份独特的力量；

博迈医疗作为东莞市行业单项冠军示范企业，从一个获得东莞首届赢在东莞科技创新创业大赛特等奖的初创企业，短短数年成为中国细分产业的龙头企业，当然也离不开松山湖，国家科学中心先行启动区，这片科技创新创业的热土。

……

立足松湖，花开全球。处于高速发展过程中的博迈医疗在强大的技术实力下，将持续书写中国企业在中国高端医疗器械领域的精彩故事。

记者观察：走难而正确的路

在2023年，从美国华盛顿的CRT，到欧洲的EURO-PCR和LINK，从中国国际医疗器械博览会到中国国际进口博览会，从多场线上国际和国内临床专家融合的学术研讨会，到线下的各种产学研和医工结合的交流会。博迈医疗在血管介入诊疗技术和产品的创新越走越坚实，以博迈医疗为代表的中国高质量创新也在全球临床和行业合作伙伴中赢得越来越多的认可和合作。

不同于在国内崛起，进而开拓国际市场的发展路径，博迈医疗先国外、再国内的发展之路，也成为公司成长的独特经历。“我们在海外的名气比国内的更响。博迈是中国高值耗材领域国际化的优秀代表之一。”李斌表示。

事实上，医疗产品事关生命安全，其“出海”的难度远比工业品更高。但一步一步开拓市场，一步一步获得客户认可，博迈医疗走了一条更难，但更为正确的路。

根据《财富》商业观察的数据，2022年全球医疗器械市场规模约5000亿美元，未来将以5.5%的年复合增长率增长，预计2029年增至7190亿美元左右。

市场空间巨大。对于未来，李斌认为，公司需要在研发创新上坚持长期主义，不断推出“中国原创”技术和产品，解决临床痛点，日积月累地打造中国品牌优势。

“现在只是一个开端，以创新、规模、全球化组成稳固‘三角’，是公司未来的重要战略支撑。”李斌表示。

作为东莞的七大战略性新兴产业，在松山湖生物医药产业基地，20个在建、拟建的重大产业项目正积蓄势能，如博迈医疗一样，加速国产替代。

当前，东莞高度重视生物医药产业的发展，推动建设松山湖生物医药产业基地。松山湖牵手华为、广东医学院等多家企业、机构、高校共同成立生物医药与大健康湾区创新生态联盟，企业与机构之间实现优势互补，共同构建“基础研究+技术攻关+成果转化+科技金融+人才支撑”为一体的生物医药与大健康开放创新生态。

如博迈医疗这样的创新型企业，也将依托松山湖浓厚的科研氛围、科研人才聚集以及强大的生产对接能力，持续涌现，成为助力松山湖科学城高质量发展的新生力量。

CREATOR STORY

CREATOR
STORY
SONGSHAN LAKE

数字经济产业

CHAPTER SIX

创想者
松山湖

光大证券

“在一起” 共未来

光大 We 谷

【因城而建，随城而兴。每一步的前行都深深镌刻着松山湖科学城产业发展、科技创新的鲜明烙印，随城市而兴，随科创而盛。We，企业、产业园、科学城，“在一起”，共未来。】

从地产战略转移到产业园运营，广东光大集团旗下的光大We谷成为东莞企业转型升级的典型代表。

引入和服务600多家企业，不乏金蝶云、中软国际、软通动力、易宝软件等知名企业，企业成长全生命周期服务、人文社区的打造，让光大We谷自2016年开园以来，迅速成为松山湖科学城产业园的佼佼者。企业集聚，人才蔚兴。

因城而建，随城而兴。每一步的前行都深深镌刻着松山湖科学城产业发展、科技创新的鲜明烙印，随城市而兴，随科创而盛。

We，企业、产业园、科学城，“在一起”，共未来。

因城而兴，成为东莞市唯一集数字、软件“双牌”园区

“很意外，很惊喜，很贴心。没想到开业第一天就收到政府部门和光大We谷上门服务，并根据我们企业特点，讲解相关政策。这正是我们刚来松山湖创业的人最需要的。”今年5月10日，东莞本凡网络技术有限公司负责人周柏魁刚刚入驻位于松山湖的光大We谷产业园，就收到松山湖北部片区党委和光大We谷的工作人员联袂上门。

这是光大We谷为企业伙伴提供361°服务，360°全方位服务+1°温情呵护，从入园到成长到毕业给予企业全生命周期服务的生动体现。

自东莞市区出发，沿松山湖大道行进20多分钟，几栋崭新造型建筑映入眼帘，错落分布，其中一栋楼顶天蓝色的“光大We谷”几个字别样显眼。这里是广东光大集团开发建设的第一个创新型产业园——这也成为广东光大集团探路转型的重要节点性事件。

前瞻性目光，让光大We谷踩准了城市进阶的节拍。

一个产业园区的生命力，来源于园区内众多企业的蓬勃发展。目前，光大We谷已布局有松山湖人才综合服务中心、松山湖高层次人才俱乐部、松山湖港澳青年创新创业基地、光企云服务中心、数字化转型促进中心、会议中心、点栈创业工场、松山湖候机楼、智慧餐厅、银行、证券等多功能配套，从企业商务—金融服务—员工生活，足不出园满足企业发展需求。

为了更好地服务企业，呵护企业全生命周期成长，光大We谷以“活动+孵化+投资”为模式，以“场地持股孵化+基金投资孵化+资源导入孵化”三轮驱动，健全基础服务、增值服务、加速服务的企业服务链条，打造完善创业生态圈，培育产业壮大发展。园区累计引育超过100家国家级高新技术企业，连续4年高企培育位列松山湖孵化器第一，获评2022年松山湖优秀孵化器第1名。

在科技服务方面，光大We谷向创业者提供全生命周期创新创业培育服务。根据企业的发展情况，为其制定发展计划，并围绕计划为企业提供服务。同时，光大We谷通过搭建“科技服务平台”，帮助企业把握政策发展方向，匹配项目补贴申报与资质认定；搭建产学研对接服务，根据企业发展需要匹配相关院校及科研机构开展技术合作或者科技成果转化。

光大We谷还提供一站式综合创业服务平台，协同创业生态圈与创业者同行，链接各界关注与扶持创业的企业机构，专业为0—3岁的初创企业团队提供人、财、物、智、力等“软+硬”全方位系统创业加速服务。

一个产业园区的生命力，根植于整个科学城的蓬勃发展。

2016年6月，松山湖管委会倾力打造的东莞首期城市会客厅在光大We谷启用，先行开启了松山湖产业园区集中招商、精准服务的先河，也为光大We谷招商引资“抢跑助力”。

在松山湖城市会客厅等平台及资源的助力下，光大We谷逐渐摸索出以产业基因引领产业园区发展的路径，形成独具特色的创新创业生态系统。

凭借区位优势，以及更自由的创新营商环境、更完善的生态链，光大We谷在城市会客厅“安家”的短短2年间，便吸引近1400个项目来到松山湖、光大We谷“作客”，340个项目“由客变主”落地松山湖，其中便包括散裂中子源创新中心等先进项目，以及中软国际、软通动力、易宝软件等华为生态供应商。

抢滩布局，随城而兴。随着数字产业逐渐站上东莞经济发展的主舞台，光大We谷当前围绕“产业数字化”与“数字产业化”两大方向，积极引进新兴软件和新型信息技术服务产业、大数据服务产业、智能硬件、集成电路及关键元器件产、数字创意产业五大数字细分行业，在“数字东莞”的构建中扮演着越来越重要的角色。

2019年11月，光大We谷荣获东莞市首批数字产业集聚试点园区授牌；2020年11月获得东莞市软件产业园的授牌，成为东莞市唯一集数字、软件双牌于一身的园区。

光大We谷已引进160多家数字产业相关企业，包括金蝶云、中软国际、软通动力、易宝软件、高驰软件、找大状等，涵盖软件开发、软件服务外包、大数据、云计算、人工智能、VR、电子商务等领域。整个集群呈现龙头引领、中小微企业梯度分布的发展态势。每天，6000多位“码农”在园区内为东莞数字产业生态创造价值。

城市产业进阶的烙印在光大We谷持续显现。2020年8月，光大We谷与华为共建华为云工业互联网创新中心，打造松山湖“5G+人工智能+工业互联网”重要支撑项目。同时，在松山湖管委会指导下，光大We谷和东莞市首席信息官协会共建工业数字大厦，集聚一批优质数字产业相关企业，打造数字产业集聚示范地。

从2001年全力支持松山湖基础设施建设，到2008年携手中科院、北京大学进军半导体行业、布局高新科技产业，再到2017年深耕产业领域实现“城市建设”向“泛地产”迭代升级，历经20余载，广东光大始终践行“科学城市运营商”定位，与松山湖共生长、同发展。

在一起，打造人文社区

2023年4月20日，东莞市第十四届校企洽谈会首场见面会在光大We谷拉开帷幕。来自50所院校与东莞千家企业代表齐聚于此，大力推动校企深度融合，努力实现产教融合助推成果转化的全链条校企合作模式。

本次校企洽谈会通过联动广东光大产业集团旗下光大We谷产业园、光达制造产业园、点栈创业工场等，在人才服务上首次实现以松山湖为中心、服务辐射“一园九镇”的松山湖功能区。

营地音乐会，乐声飞扬，舞动青春；美食部落，呼朋唤友，大快朵颐……假如，你在某个周末步入光大We谷产业园，年轻的身影在这里集聚、谈笑风生，一个活力四射的人文社区呈现在眼前。

这些年轻人大多来自园区企业，以及周边的居民。光大We谷已然成为周围众多人的热门打卡点。

人才是第一资源。一家产业园区的发展离不开企业的集聚，更需营造人才在此创新创业的氛围。

自2016年开园至今，光大We谷已引入并为超过600家企业提供运营服务，其中包括引育100家国家级高新技术企业、86家国家科技型中小企业、16家上市企业子公司等，产业园先后斩获32项国家及省市级荣誉，初步构筑起优质的高科技、创新型企业集群。

对于绝大多数到产业园区入驻的创业者，面临的首个需求就是组建一支新的队伍。为了帮助企业找到合适的人才，光大We谷做了很多有益探索。

多年来，为提高企业人才招聘效率，提升企业人力招聘效率，光大We谷通过与各大人力部门、高校院所紧密合作，举办校园宣讲、人才政策宣讲、HR专题培训等多种方式帮助产业园区企业招兵买马。

除线下招聘，光大We谷还先后联合智联招聘、前程无忧推出了线上招聘云平台，企业在光大We谷云招聘平台上发布岗位需求，可长效收取线上简历的精准投递。

光大We谷相关负责人表示，除了招聘会服务外，广东光大产业集团带领旗下产业服务平台，持续服务企业伙伴，为解决企业人才招聘需求推出更多创新举措，同时积极响应推动多方资源链接，帮助区域产业聚集和发展的号召。

引进人才，更要留住人才。多年来，为了给更多年轻的人才营造良好的氛围，光大We谷大力建设有温度的人文社区，通过完善社区配套，举办各式各样的社区活动，包括运动会、青年联谊等，为社区人才营造安居乐业的环境，使其更好地在此扎根。

同时，光大We谷积极响应园区人才发展战略，探索产业园人才服务模式，创造优良的人才创新创业环境，围绕人才、科技、金融、市场四大重点需求推出“We谷伴企计划”。这一计划通过整合产业资源要素，构建一站式客户增值服务体系，立足不同发展阶段企业成长需求痛点，为企业经营发展赋能。

记者观察：“在一起”：企业、产业园、科学城

建一栋楼不难，建一个园区也不难。如何让企业落地，让落地的企业获得更多的帮助，实现园区内部的繁荣发展，营造产业发展的“小生态”，才是产业园运营主体思考的核心和关键问题。

“活动+孵化+投资”为模式、“场地持股孵化+基金投资孵化+资源导入孵化”三轮驱动发展，361°服务，360°全方位服务+1°温情呵护……光大We谷以“伙伴”为核心价值观，致力于与园区企业共荣共生，让600余家企业在企业全生命周期的每一个发展阶段都得到“呵护”，成为松山湖科学城众多产业园区的佼佼者。

“我留意到光大We谷经常举行各种活动。”10月18日举行的2023东莞数字经济月启动仪式暨数字产业博览会上，来自周边镇街的一位企业负责人如此感叹。

滴水难成海，独木难成林。企业在产业园里，产业园在科学城里。联动政府、协会，以及多方力量，光大We谷成为松山湖科学城里最为“热闹”的园区之一。

同时，作为最早参与到松山湖园区建设的企业之一，广东光大企业集团见证并陪伴着松山湖一路发展至今。

从2001年全力支持松山湖基础设施建设，到2008年携手中科院、北京大学进军半导体行业、布局高新科技产业，再到2017年深耕产业领域实现“城市建设”向“泛地产”迭代升级。历经20余载，广东光大集团始终践行“科学城市运营商”定位，与松山湖共生长、同发展。

根深才能叶茂。产业园区的“小生态”，融入城市发展的大环境，才能真正的茁壮成长。从另一个维度来讲，企业落地某一家产业园，看重的既是产业园自身的禀赋，更是产业园所在区域的禀赋。

随着松山湖科学城的发展而兴起的光大We谷深知，城市的特点会自动投射到产业园，成为产业园的天时和地利，成为产业园的禀赋之一。

依城市而起，随城市而兴。中国散裂中子源、松山湖材料实验室、华为、生益科技，以及众多新型研发机构等科创资源、龙头企业，都成为光大We谷对外招商引资的禀赋之一。

同时，随着产业的集聚，“小生态”的构建，光大We谷亦成为松山湖科学城的重要科创力量。

未来，随着松山湖科学城源头创新、技术创新、成果转化、企业培育的全链条、全过程、全要素科创生态体系的加速育成，光大We谷也将持续发展，随城市而兴，随科创而盛。

企业、产业园、科学城，“在一起”，共未来。

CREATOR STORY

光大We谷
GUANGDA We VALLEY
东莞市首席信息官协会
东莞市工业数字大厦
国家级双跨工

数字雄心

东莞市工业数字大厦

【随着数字经济的澎湃浪潮奔涌向前，东莞市工业数字大厦成立了，推动莞企向数字化转型，助力东莞“数字雄心”。】

2022年12月的一天，入驻东莞市工业数字大厦的鑫蜂维网络科技有限公司副总裁兼鑫蜂维（东莞）总经理叶铭，如往常一样，开始一场有关企业数字化转型的经验分享。

会后，正在谋求数字化转型的一家东莞本土企业找到叶铭。双方基于对企业数字化转型的共同认知，一拍即合。

“对于企业数字化转型诊断服务商而言，东莞就是一片蓝海。来到东莞开拓业务，入驻东莞市工业数字大厦的选择是正确的。”叶铭深有感触地表示。

和众多数字化转型服务商一样，叶铭被东莞数字经济的政策吸引来到东莞，他在这里感受到入驻东莞是极其正确的——“东莞，出门就是市场。”

2022年4月，在东莞市工信局、松山湖管委会、东莞市首席信息官协会及光大We谷携手推动下，东莞市工业数字大厦在松山湖科学城揭牌成立。

依托丰富而庞大的应用场景，这座全国唯一以“工业数字”命名的大厦，点燃了东莞数字经济的强力引擎，成长为东莞数字经济的“高地”。

2023年1至8月，东莞的数字化转型取得新进展，新增推进超1100家规上工业企业实施数字化转型，提前完成全年任务。东莞约有一半规上工业企业推进数字化转型。

数字经济的澎湃浪潮持续奔涌向前。

数字商超：“总有一款适合你”

为什么成立工业数字大厦？为什么要叫工业数字大厦？

COO、CTO、CKO、CDO……对于很多从事传统制造业的企业老板来说，面对这些英文缩写，往往有着莫名的隔阂。这是横亘于数字经济和传统制造业企业之间看不见的篱笆墙和认知鸿沟。

而另一方面，作为制造业名城，东莞拥有21万家工业企业，1.3万多家规上工业企业……极为丰富的应用场景，具有发展数字经济得天独厚的优越条件。

在此背景下，东莞市工业数字大厦的成立，成为打破制造业企业认知鸿沟，推动数字经济发展的重要抓手之一，同时为入驻的数字化服务商提供平台。

工业数字大厦因此而得名，一方面关联到东莞制造业企业，一方面关联到数字经济领域企业。

步入东莞市工业数字大厦的展厅，这里犹如一个“数字超市”。展厅现有70余家数字化转型服务商、17家数字化转型行业标杆案例及3家高端装备企业入驻，设置有序厅、综合服务商展区、专业服务商展区、虚拟工厂展区、标杆企业案例区及数字医院。

作为东莞市打造数字经济产业创新生态的首个数字化转型汇聚平台，东莞市工业数字大厦围绕数字产业化和产业数字化，推动企业利用信息技术加强企业数字化基础建设，为东莞先进制造业数字化转型提供系列服务，赋能企业发展。

作为东莞市工业数字大厦的运营方，东莞市首席信息官协会会长张庆云一年多的时间里一直很忙，走访上百家数字化转型企业，见证了不同行业企业数字化转型的阶段、目的、路径，更是洞察了当下东莞企业数字化转型的痛点、难点。

如何打破企业的认知鸿沟，打破企业“不想转、不敢转、不会转”的瓶颈难题？

“当前，市场教育环节已经过去，企业对于是否进行数字化转型早已形成必须转的共识，从‘选修课’到‘必修课’。”经过走访，张庆云分析认为。

“不敢转”正是来自制造业企业家对数字化技术的不了解。工业数字大厦的展厅中展示了多个制造业企业数字化转型的成功案例，让来访企业家通过观看行业佼佼者在数字化转型上的思考、努力与成果，更好地发现自身不足，明确个性化转型需求。

而“不会转”并非都指数字化的技术难题，梳理出核心管理流程是先于技术关的重要步骤。

“个人理解，企业切入数字化转型的发展路径，可以总结为从易到难、以点带面、逐步迭代。可以分为三个阶段，从支持企业业务发展，到支撑企业管理和战略，再到引领企业发展。”张庆云表示。

东莞市工业数字大厦将充分发挥“政产协”多方资源及优势，以“集聚数字产业化，赋能产业数字化”为目标，以推动数字化转型为着力点，围绕“三基地两中心”（数字产业孵化基地、数字化资源基地、信息技术应用创新基地；数字化转型推广中心、数字产业人才中心），实现以需引产、以产促需，引导培育数字经济发展生态，推动数字化赋能企业发展，利用信息技术加强企业数字化基础建设，培育壮大个性化定制等服务型的制造新业态。

其中，数字化转型推广中心是“三基地两中心”之一，充分发挥东莞市首席信息官协会的产业资源与专业服务，为企业提供齐全的数字化转型路径，设有数字商超、数字医院、标杆示范案例、产业集群特色展、软硬整合生产线、5G+AR工厂、全场景数字工厂等。

数字产业人才中心旨在实现数字产业高层次人才、专业化人才全覆盖，提供能力培训、人才认证、创业就业于一体的全方位产业人才服务，打破发展数字产业的人才瓶颈，为东莞数字产业发展提供人才引擎动力，形成数字化转型创新人才集聚地。

“制造业企业来到这里，总有一款适合企业发展所需的数字化转型服务产品。”张庆云表示。

乘“数”生长：成长为东莞数字经济“新高地”

对于很多第一次来到东莞的数字经济供应商而言，来到这里，就如同看到了一片新的蓝海和商机。而入驻东莞市工业数字大厦也成为他们在东莞发展的新起点。

鑫蜂维（东莞）网络科技有限公司是入驻大厦的首批企业之一，也是东莞市工信局授牌的首批“东莞市企业数字化转型诊断服务商”之一。在此之前，鑫蜂维已在杭州深耕数字化领域多年，服务企业数量达150万家，其中收费服务企业数约25万家，拥有丰富的数字化转型的行业经验。

目前，叶铭正在和东莞相关镇街展开深度合作，在“政”“企”“育”“人”“活”等五大板块同步推进。

“大厦所在地光大We谷获得东莞多项叠加政策支持，如‘东莞市软件产业园’、‘东莞市数字产业集聚试点园区’、数字产业专项等多项免租政策，可以有效降低企业的运营成本，减轻企业经营负担，促进企业快速发展。”数字化转型服务商之一，金蝶中国助理总裁、东莞金蝶软件总经理许彬如是说。

广阔的市场空间，加持政策的鼎力支持，东莞市工业数字大厦在1年多时间里迅速成长为城市数字经济的热门“打卡点”。纷至沓来的，有外地来“取经”的人士，更有东莞本土制造业企业“组团”前来咨询。东莞数字经济的蓬勃发展由此可见一斑。

过去1年多时间里，东莞市工业数字大厦共举行超过100场活动，如数字经济峰会、镇街行活动、数字化游学系列、数字医院专家问诊日等，邀请超过100位专家，线下超过5000人参与，赋能企业数字化转型。

“我们主动出击，探路前行。今年东莞市工业数字大厦重点打造‘O讲堂’，给企业家讲的是数字技术如何支撑企业发展。企业不同的发展阶段需要有不同的管理，更需要有相应的系统或者平台的支撑。”东莞市工业数字大厦运营方之一，东莞市首席信息官协会会长张庆云表示，“O”既是CIO，也是CEO、CFO、CDO，针对不同的对象，推出不同的课程，取得了良好的效果。

截至目前，东莞市工业数字大厦已入驻39家企业，引入12家综合服务厂商、54家专业服务厂商、17家标杆企业、3家装备厂商，包括华为云、阿里云、金蝶云、李群自动化、中国联通、北京数码大方、广东美云智数、迪森科技、鑫蜂维等知名企业。

在实际成效上，东莞市工业数字大厦已为80多家有转型需求的工业企业，对接近百家服务厂商，覆盖50多个数字化应用场景，精准触达上下游业务，促进了资本、人才、项目的有效对接。

东莞市工业数字大厦
2299 2838

在政、企、协等多方的合力下，东莞市工业数字大厦乘“数”生长，成长为东莞数字经济发展的“新高地”，迈向东莞乃至大湾区数字化转型的转型策源地、资源汇聚地。

“数实融合”：东莞数字化转型迈入新阶段

数字化转型只有开始，没有结束！

在东莞市工业数字大厦，未来3年，东莞将“政+企+协”三方联动，将持续深化搭建“赋能中心—工业互联网平台—重点服务商”三级服务，助力东莞市工业数字大厦引进超过100家数字化服务商，为不少于450家制造业企业提供数字化转型诊断服务，力争实现营收10亿元以上，促进数字经济和实体经济深度融合，力争成为东莞乃至大湾区产业数字化、数字产业化汇聚高地。

在10月18日举行的2023东莞数字经济月启动仪式暨数字产业博览会，东莞市首席信息官协会举行东莞市十大优秀CDO评选颁奖活动，并发布数字化转型公共服务平台2.0，新平台融合GPT大语言模型、AI人工智能、VR虚拟现实等技术，搭建元宇宙数字化服务展厅，基于“平台+服务”新模式，实现挖掘内在工业软件开发者资源，全面赋能莞企数字化转型。同时发布《2023年东莞市数字产业图谱》，持续为数字经济的发展赋能。

本次活动期间，东莞市中小企业数字化转型试点工作正式启动。8月30日，全国首批中小企业数字化转型试点城市正式公示。东莞市以全国总分第二的高分通过评审。

未来2年，东莞将以中小企业数字化转型城市试点为契机，努力打造具有国际竞争力的数字产业集群。

事实上，东莞在数字经济领域频频迎来高光时刻——

在中国电子信息产业发展研究院发布的《2022中国数字经济发展研究院报

告》中，东莞跻身全国数字经济新一线城市，在数字经济城市发展百强榜中，东莞排名19，位列全省第三。

2023数字百强市和《2023中国数字城市竞争力研究报告》显示，广东数字城市建设效果突出，排名全国第一。其中，东莞排名中国数字百强市第21名，在省内仅次于广州、深圳。

东莞数字化转型的浪潮仍然持续前行。2023年1至8月，“世界工厂”东莞的数字化转型再有新进展——新增推进超1100家规上工业企业实施数字化转型，提前完成全年任务，在全省范围内领先。

作为制造业名城，东莞拥有21万家工业企业，1.3万多家规上工业企业……2022年，东莞全市累计推动规上工业企业数字化转型5165家。2022年全年东莞规上互联网和相关服务业、软件和信息技术服务业实现营收355.74亿元，同比增长103.3%。

植根于东莞40余年来的制造业土壤，得益于东莞多项政策的强力支持，东莞市工业数字大厦正迈向数字经济发展新阶段，打造东莞数字经济发展“新高度”。

朝着“国家制造业数字化转型示范城市”的目标，东莞正加“数”前进，以数字化塑造大产业优势，做优做强制造业“家底”，力争到2025年全市数字经济核心产业规模突破1.3万亿元。

记者观察：在供需之间，成就东莞数字经济的雄心

商业社会中，当需求和供应获得一定程度匹配的时候，就是最为美妙的时刻！

东莞市工业数字大厦的成立，正是东莞制造业企业所需，也是寻求发展机会的数字化转型供应商所需。前者带来需求，后者带来供应，居于其中的东莞市工业数字大厦提供平台。“政府搭台”的作用在这里显现。

立足产业发展趋势而言，工业经济时代向数字经济时代转型，带来了全方位和革命性的变革，数字经济成为全球经济发展的重要引擎。

东莞亦不例外。可以说，东莞市工业数字大厦藏着东莞数字经济的雄心，更成为东莞推动传统制造业转型升级的重要抓手。

落子松山湖科学城，也成为东莞市工业数字大厦快速发展的关键原因之一。这里是东莞数字经济资源最为集聚之地，华为云、腾讯云以及众多数字经济企业齐聚于此。

2023年1—8月，松山湖推动园区规模以上互联网和相关服务业、软件和信息技术服务业实现营业收入同比增长151.7%。

成绩斐然。在过去的一段时间，东莞在数字经济领域连续取得全国数字经济新一线城市、东莞市中小企业数字化转型试点两大荣誉。

两个"国字号"称号，既是对前一阶段东莞数字化转型的认可，更是乘势而上，持续推进数字化转型的重要节点性时刻。

任务仍然艰巨。目前，东莞约1.3万家的规上工业企业中，近一半已经进行了数字化转型。船到中流浪更急，数字化转型步入"数实融合"新阶段，渐趋深入。

当前，借数字化浪潮，东莞正力促数字经济和实体经济深度融合，努力打造具有国际竞争力的数字产业集群，以不亚于10年前"机器换人"的坚定信心推动制造业数字化转型。

2023年初，广东提出目标，2023年广东将推动5000家规上工业企业数字化转型，带动10万家中小企业"上云用云"。随之，东莞紧跟其后、加快布局，制定《东莞市推动产业数字化转型实施方案》，将统筹3年100亿元资金支持东莞数字经济发展，年内打造智能工厂（车间）不少于40个，全年新增推动1000家规模以上工业企业数字化转型。

市级层面，东莞市工信局将着力强化产业数字化，完善数字化转型赋能绩效评价体系，加大工业数字化人才引进培育力度，提升"制造业当家"新优势。

未来，随着政策红利的持续释放，为一大批莞企向数字化转型带来有力的激励效应，东莞由此可以形成一批可复制、可推广的数字化经验，让广东制造高质量发展注入源源不竭的能量。

CREATOR STORY

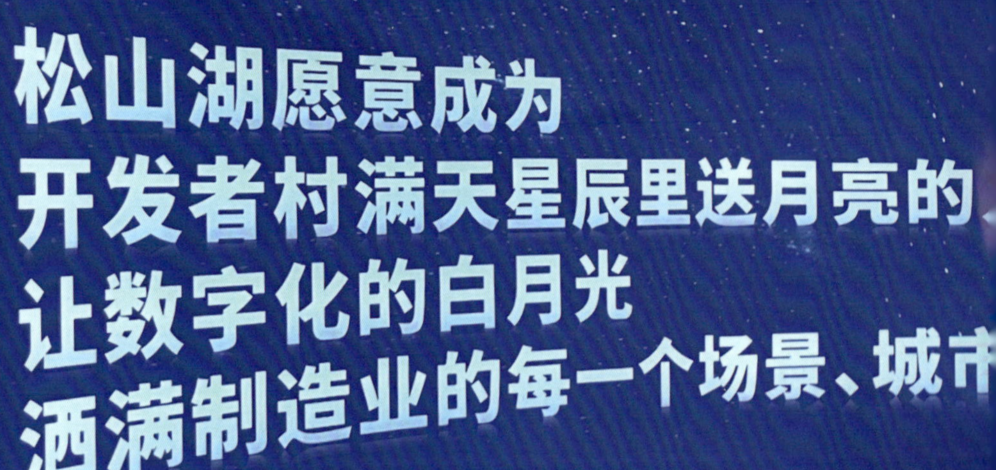
松山湖愿意成为
开发者村满天星辰里送月亮的
让数字化的白月光
洒满制造业的每一个场景、城市

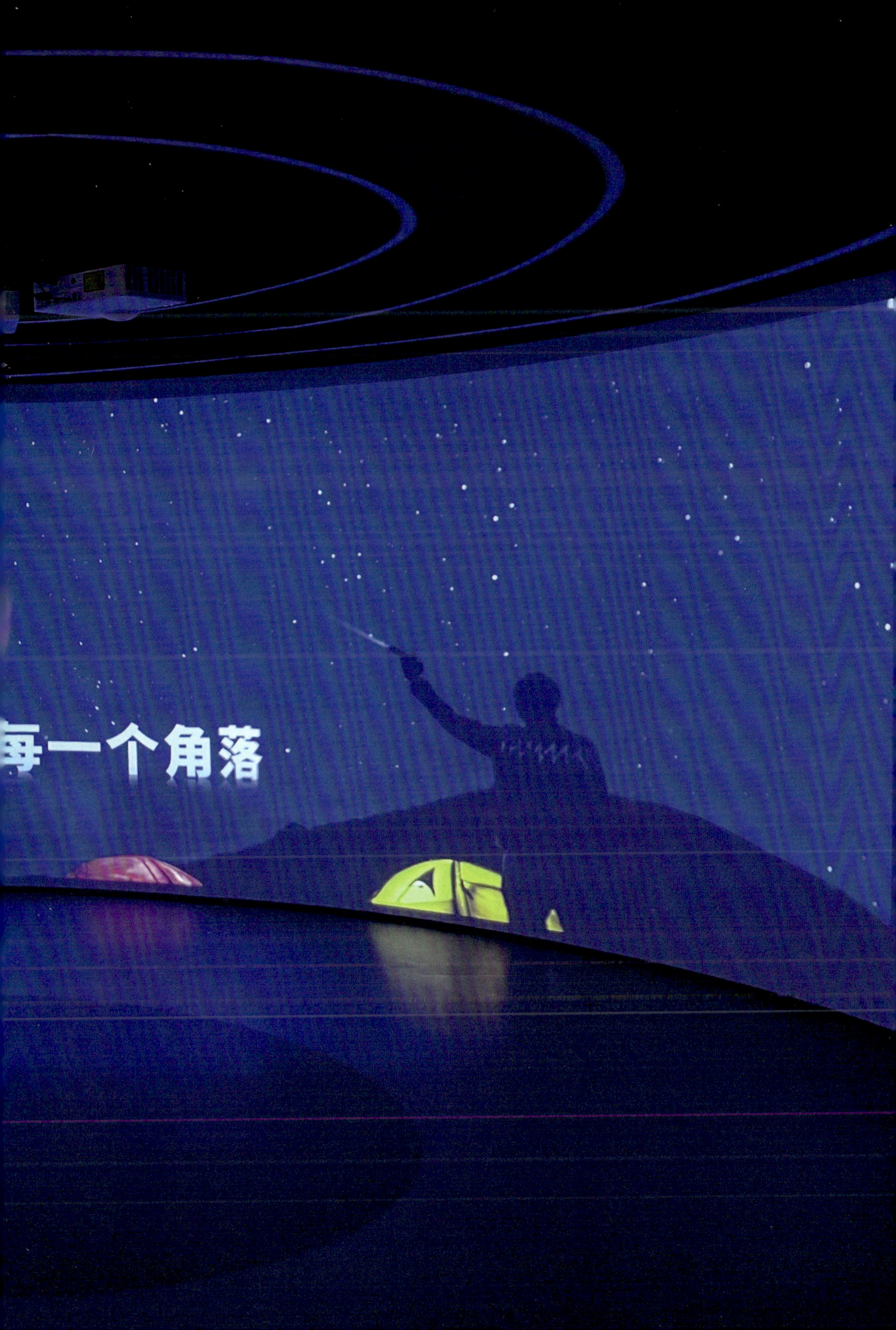
每一个角落

全场景创新生态故事

松山湖开发者村

【松山湖愿意成为开发者村满天星辰里送月亮的人，让数字化的白月光，洒满制造业的每一个场景，城市的每一个角落。】

站在松山湖开发者村高层办公室里，透过落地玻璃可以望到天际的蓝天白云和松山湖的如画美景。光影流转，奇观出现——室内的白色灯管倒映于蓝天白云之间，室内室外，浑然一体，如在云端。

室内，数十位开发者键盘敲击，代码飞舞，最后经过一次次迭代升级，成为助力东莞制造业企业数字化转型的数字力量，助力“世界工厂”迈向云端。

作为全球首个开发者村，2022年4月，松山湖开发者村正式启用——这是华为和东莞这座城市双向奔赴，持续深入合作的又一力作，携华为30年来积淀的创新能力与实践经验，通过专家服务、技术赋能和DTSE支持等，打造全场景创新生态，助力东莞数字化转型。

村中纪事：三步“上云端”

携手共进10余年后，华为和东莞的合作再进一步。

2023年4月26日，全球首个“开发者村”，松山湖开发者村在东莞松山湖正式“开村”。数字经济时代，开发者是产业数字化、智能化创新的源头活水，也是华为云生态建设的主力军。

据了解，松山湖开发者村定义为具备数字化技术能力的组织型开发者社群，旨在围绕企业数字化需求，通过不同组织开发者之间的深度融合、协同创新，实现企业数字化创新，并带动产业升级。当天，台铃集团、蜂巢互联、博讯科技、青软集团等数10家首批企业入驻。

松山湖开发者村由松山湖管委会和华为云联手打造，旨在将数字化创新和工业企业的应用场景紧密结合起来，以生产环节数字化改造为核心，带动制造业各个环

节的整体数字化升级。

之于华为云，华为云围绕企业数字化需求，将通过松山湖开发者村实现企业开发者之间的深度融合，助力制造业实现高质量发展。据悉，华为云坚持“云底座”和“使能器”的定位，为开发者、伙伴和客户提供安全可信的云服务。

之于东莞，东莞以制造业闻名，拥有21万家工业企业。其中，规模以上工业企业有1.3万家，是名副其实的制造业强市，拥有极为丰富的应用场景。

同时，中小企业在数字化转型中面临着场景复杂，技术门槛高，人才缺乏等诸多挑战，松山湖开发者村的开办成为东莞解决挑战和难题的重要举措之一。

步入位于松山湖中集产城的松山湖开发者村，10多位来自不同领域的行业技术专家正在笔记本电脑前伏案工作，另有多名同事在企业一线现场办公。

他们分属不同的行业。结合东莞制造业的实际情况，他们的业务涵盖电子装联、模具、食品、新能源、服装、印刷等重点行业，各显“神通”，各有侧重。

“简单来说，技术专家首先要走访企业、了解需求，然后，利用华为云计算、大数据等技术，经过业务数据化、数据业务化、业务智能化‘三步走’的规划，助力制造业企业迈上云端，在一个更高维度、更高层面抢抓数字经济时代的红利。”松山湖开发者村专家服务交付专家表示。

“三步走”，助力制造业企业“上云端”，这是松山湖开发者村“开村”制定的行动方略。

来自开发者的期待，也可看出松山湖开发者村未来的发展前景。“我们觉得松山湖开发者村对我们CSDN的发展至关重要，对于中国制造业的数字化转型同样至关重要。”松山湖开发者村入驻企业CSDN高级副总裁于邦旭表示。

CSDN即中国专业开发者社区，专门为程序员和软件开发人员提供知识传播、在线学习、职业发展等全生命周期服务，自成立以来一直受到广大程序员的欢迎。

松山湖还将为开发者提供完善的城市配套，低成本的载体空间，优惠的人才房以及专业的人才培训，为开发者创新创业提供发展平台和优质服务，共同助力东莞数字经济高质量发展。

首案工程：为行业打造技术创新与商业成功样板

面对东莞庞大的制造业基数，松山湖开发者村如何高效破局？

首案工程是华为云倾力推进的重点工作。

松山湖开发者村以“首案工程”为重点项目，推进“村民”企业数字化创新，并带动区域产业升级。该项目基于华为（松山湖）开发者创新中心提供的开发者技术或服务，在重点行业或场景下，具备技术创新、业务创新、数字化转型方案创新、商业模式创新等方面示范引领作用的项目或解决方案。

从为单个企业赋能，到牵引整个行业发展。华为云为首案工程企业提供多种政策支持，并基于行业典型业务场景为行业打造技术创新与商业成功样板，促使更多企业及开发者投入东莞制造业高质量发展，牵引整个产业迈向数字化高阶形态。

作为松山湖开发者村001号村民，台铃集团2022年和华为云达成全面合作，依托华为云开放能力，与华为云开发者技术服务DTSE团队进行产品方案的联合构建。

2022年8月，台铃与华为云签署全面合作协议，在电动车智能化升级、海外市场发展、企业数字化转型和人才培养方面展开全面、深入合作，共同推动电动车智能化发展。

台铃集团总裁姚立透露双方合作的原因。姚立认为，“走出去”是台铃集团的长远战略，台铃迫切需要复制华为的成功经验；电动车是重要的应用场景，华为鸿蒙生态将为台铃的用户带来更智慧的出行生活体验；华为在数字化领域的卓越能力和企业运营管理、人才培育、文化实力也是台铃学习的蓝本。

“台铃是目前全国排名前列的电动车的制造企业，不管是在制造业领域，还是科技创新方面，华为和台铃都有非常多的优势互补、相得益彰之处。”华为云广东总经理徐卫星表示。

“双向奔赴”，在今年开花结果——2023年2月，台铃集团品牌发布会召开，台

中集产城
数字科技园
东莞市软件产业园
CIMC 中集产城
数字科技产业园
松山湖开发者村
HUAWEI

铃超能二代赤兔鸿蒙版电动车正式推向市场。

松山湖开发者村本质上是一个具备数字化技术能力的组织型开发者创新社区，采用“平台+生态+专家服务”的运营模式，通过“首案工程”培育具有创新研发能力的企业，为产业数字化打造成功标杆。

目前，松山湖开发者村已与广东恒翼能科技股份有限公司、模德宝科技有限公司达成首案工程合作。其中，广东恒翼能科技股份有限公司为行业内领先的锂电池后处理环节解决方案供应商之一，国内市场占有率已居行业前三。

华为云与恒翼能联合打造智能调度应用方案规划，搭建起恒翼能IIoT（工业物联网）平台，依托恒翼能锂电服务业务经验以及华为云服务能力，面向电池后段生产流程帮助企业打造调度数智化解决方案，赋能企业通过数字化升级实现产线效率提升，柔性生产等目标。

另一家首案工程企业模德宝科技有限公司作为国内知名的模具及精密制造解决方案服务商，已服务医疗器械、机械行业、消费电子、家居日化等各行业客户超过600家。

2023年3月8日，省工信厅公布的产业集群数字化转型试点名单中，东莞模德宝成为全省唯一代表模具制造数字化转型的试点单位，也是东莞目前唯一的省级的数字化集群牵头单位。

截至2023年11月，松山湖开发者村已吸引了各类企业入驻，包括开发者社区服务的提供商CSDN，东莞本地企业台铃，软件服务商深圳赛瀚德等15家企业在松山湖落地。

目前，松山湖开发者村也将提供开发者级的企业服务平台，通过引入资深行业Know-how专家，为企业提供诊断、方案设计、开发、集成交付、运维运营等端到端数字化咨询服务，以开发者级的赋能与实践指导，帮助企业同时实现业务落地和人才培养，并定期为企业提供定期的数字化成熟度评估，持续迭代与赋能等，让企业真正将数字技术落于业务实际场景，实现平稳高效的数字化转型。

数字化的白月光：洒满制造业的每一个场景

松山湖对于松山湖开发者村寄予厚望。

“松山湖愿意成为开发者村满天星辰里送月亮的人，让数字化的白月光，洒满制造业的每一个场景、城市的每一个角落。”松山湖相关负责人表示。

松山湖对于广大开发者满怀真诚。

为了推动开发者加速集聚松山湖，8月4日—5日，在华为开发者大会2023举办之际，松山湖管委会联合园区各企业，举办松山湖开发者节。打造科技体验+智造促销+音乐演出+饮品餐食的消费新体验、新场景、新模式，吸引了上万名开发者、市民朋友前往参加。

在2023年9月举行的第八届华为全联接大会上，松山湖面向华为全球生态伙伴分享松山湖数字化发展新成果，广受业界关注。

目前，行业专家、开发者、生态伙伴加速向松山湖开发者村聚集，已经成功赋能多家东莞制造业企业，助力企业高质量发展。

2023年以来，松山湖和华为的合作已然在加速推进。从首个开发者村落地松山湖，到华为云开发者大会首次布局松山湖，盘古大模型等“黑科技”吸引全球目光，再到华为鸿蒙4.0发布，鸿蒙生态设备数突破7亿台……2023年以来，华为一系列科技创新成果接连在松山湖亮相，推动松山湖大地创新之潮持续加速涌动。

可以预见的是，未来在松山湖开发者村，在华为与松山湖的政企合力下，将会产生更多东莞制造数字化转型的新模式、新故事，推进松山湖成为数字经济发展的新高地。

松山湖开发者村，一个全场景创新生态故事，在巍峨山下、松山湖畔，焕新开启。

记者观察：开村和期待

松山湖开发者村的“开村”成为松山湖数字经济发展的一股重要力量，也成为加速构建的松山湖数字经济生态的重要组成部分。

自2001年“诞生”以来，松山湖就承担着“再造一个东莞”的使命。如今，在新时代背景下，包括松山湖开发者村，以及众多数字经济领域头部企业的加入，松山湖数字经济迎来发展的爆发期，点燃东莞制造业转型升级的引擎。

数据显示，东莞目前已有接近一半的规上工业企业推进数字化转型。船到中流，更需奋楫向前。在当前数字经济发展走深走实，“数实”融合渐趋深入的情况下，松山湖数字经济发展仍将持续呈现蓬勃发展态势。同时，也将面临新的挑战。

松山湖开发者村和东莞多家制造业头部企业共同推进的“首案工程”，在解决单独某个企业数字化转型的痛点、难点之后，可以带动整个行业共同破解数字化转型的共性问题，以点带线，以线带面，加快制造业“当家”的步伐，“让数字化的白月光，洒满制造业的每一个场景、城市的每一个角落”。

当前，松山湖开发者村已经取得快速进展，来自不同领域的数字经济专业人士齐聚，探入制造业企业的生产一线，变革从生产管理到企业战略的每一个环节，助力企业的转型升级。

可以期待的是，随着数字经济的浪潮持续奔涌，“数实”融合的步伐将逐步加快，持续深入，数字化的白月光，将洒满制造业的每一个场景、城市的每一个角落，照亮企业发展的前景。

这是“世界工厂”的期待，这也是松山湖作为东莞高质量发展的核心引擎作用的凸显。

CREATOR STORY

本书鸣谢

东莞松山湖高新技术产业开发区管理委员会

及以下企业大力支持（排名不分先后）

中国散裂中子源

松山湖材料实验室

广东华中科技大学工业技术研究院

广东高驰运动科技股份有限公司

东莞市漫步者科技有限公司

广东大普通信技术股份有限公司

东莞阿尔泰显示技术有限公司

XbotPACK 机器人基地

东莞市本末科技有限公司

妙智科技（东莞）有限公司

广东东博智能装备股份有限公司

优利德科技（中国）股份有限公司

东莞市创明电池技术有限公司

广东凯金新能源科技股份有限公司

东莞海丽控股集团有限公司

广东红珊瑚药业有限公司

广东博迈医疗科技股份有限公司

广东光大集团

东莞市数字工业大厦

松山湖开发者村

图书在版编目（CIP）数据

创想者：松山湖 / 东莞松山湖高新技术产业开发区管理委员会编 . -- 南京：江苏凤凰文艺出版社，2024.3

ISBN 978-7-5594-8556-4

Ⅰ . ①创… Ⅱ . ①东… Ⅲ . ①散文集 - 中国 - 当代 Ⅳ . ① I267

中国国家版本馆 CIP 数据核字 (2024) 第 061236 号

创想者：松山湖

东莞松山湖高新技术产业开发区管理委员会 编

撰　稿	王蔚明　乔　木
统　筹	东莞松山湖融媒体中心
责任编辑	张　婷
特约编辑	夏婷婷
助理编辑	吴　月
设　计	大能猫
图片提供	各采访单位　康乐伟
出版发行	江苏凤凰文艺出版社
	南京市中央路 165 号，邮编：210009
网　址	http://www.jswenyi.com
印　刷	深圳市祥龙印刷有限公司
开　本	718 毫米 ×1000 毫米　1/16
印　张	14.25
字　数	150 千字
版　次	2024 年 3 月第 1 版
印　次	2024 年 3 月第 1 次印刷
标准书号	ISBN 978-7-5594-8556-4
定　价	68.00 元